Magia, Hechizos Y Hierbas
Manual Esoterico Completo

MAGIA, HECHIZOS Y HIERBAS

First edition. February 3, 2024.

Copyright © 2024 ANGELES GUERRERO.

ISBN: 979-8224720019

Written by ANGELES GUERRERO.

A mis hijos, Samuel y Rosangeles

Ángeles Guerrero

Dedicatoria:

El fruto de todo mi esfuerzo se lo debo a mi gacela, mi hija Rosángeles quien junto a mi hijo Samuel me inspiraron a diario, para que plasmara mis conocimientos en un libro, son mi impulso, los primeros en reconocer el valor de mis conocimientos espirituales. Dedicado a ti Aye Leti.

Ángeles Guerrero

Magia, Hechizos y Hierbas

Durante mi recorrido espiritual en estos veinticinco años, he tenido excelentes maestro espirituales, he sido practicante de muchas religiones en busca de esa verdad que nutriera mis conocimientos, no solo observe como la magia era capaz de crear cambios inexplicables en una persona, también vi como era capaz de destruirlas, la magia es un poder, el uso de ese poder es lo que define a un buen hechicero. Lamentablemente en la actualidad la magia se ha convertido en un acto de circo para atraer incautos, desvirtuando su verdadero uso, mi misión con este libro es desenmascarar a los falsos dogmas que se han generado en torno a la magia, en este arduo camino veremos que son pocos los que han sabido cosechar este maravilloso arte. por ello mi recomendación es que se aprenda correctamente el uso de los poderes mágicos.

Hay un hecho cierto, el mundo espiritual existe, la brujería existe, también es cierto que todos nacemos con una autoridad espiritual, el ser humano es una maravillosa creación divina, que viene dotado de un conocimiento ancestral y es lo que nos ha permitido sobrevivir a través de los tiempos, la historia nos ha revelado como la raza humana ha evolucionado, enfrentando enfermedades, pandemias, sin medicinas ni tecnologías, antes de la existencia de las farmacéuticas, curábamos nuestras dolencias y enfermedades con hierbas, y el promedio de vida de nuestros antepasados era sorprendentemente alto. El creador nos doto de todo lo necesario para ser felices y vivir en este plano terrenal, sin embargo en el proceso de nuestro desarrollo nos contaminamos con falsas creencias, que nos hacen dependientes de un sistema impuesto por la sociedad que nos llena de temores e inseguridades, haciéndonos susceptibles a los infortunios tales como enfermedades, muertes repentinas, ruptura matrimonial y perdidas; desconociendo que la cura de todos esos males están en nuestras manos.

Algo que es verdaderamente importante es reconocer que quien nos creó "existe" ya sea que lo llamemos Dios, Ala, Jehová y este ser, nos regaló un ser físico compuesto de un cuerpo de carne y hueso; un alma y un espíritu pero también nos dio algo más, el poder de transformar nuestro destino a través del mundo espiritual.

Mi intención es trasmitir unos conocimientos solido a los iniciados; no pretendo cambiar las creencias religiosas, en el proceso ratificaremos que tenemos todas las herramientas necesarias para tener una salud perpetua, el amor infinito e inagotable, y la prosperidad y abundancia que todos merecemos y por supuesto que permanezcan en nuestra vida, para lograr paz interior que alimente nuestra espiritualidad.

Ángeles Guerrero

Capítulo 1
Yo Interno, Yo Superior Y Creador

Todo ser viviente se conoce así mismo, sabemos que existimos, estamos vivos y poseemos un cuerpo de carne y hueso capaz de llorar, reír comer y muchas otras cualidades fisiológicas, lo tomamos de forma muy natural, por cuanto es lo que observamos a diario. Pero *¿Qué ocurriría si una persona de un momento a otro comienza a sanar enfermos solo con sus manos?* O si simplemente comienza a predecir sucesos que no han ocurrido y estos sucesos se materializan.

Ante este hecho la humanidad automáticamente atribuiría a que la persona tiene poderes mágicos o utiliza los artilugios de la brujería; sin detenerse a pensar realmente cómo fue posible todo esto. La verdad es que en cada individuo no solo viene dotado de un cuerpo físico, sino también de dones especiales producto de la divinidad que nos creó, muchos hasta ignoran las existencias de estos dones y se vuelven espiritualmente ciegos. Estos dones hacen posible ver más allá de lo físico, predecir sucesos, y crear milagros tan solo desarrollando ese poder espiritual.

Es momento de descubrirnos a nosotros mismos, debemos de estar conscientes que poseemos cualidades especiales y aprender a utilizarlas por muy difícil que sea, despertemos la conciencia para activar ese "Yo Interno".

El yo interno, es un proceso de descubrimiento sobre nosotros mismo que vamos obteniendo en el paso de nuestra vida, se puede decir que es escuchar lo que la conciencia nos indica; lo que nos conecta con nosotros mismos, y nos ayuda a exteriorizar nuestros objetivos en la vida.

Al lograr la conexión con mi "Yo interno" nos conectamos como seres espirituales y somos capaces de realizar una realidad mágica, para entenderlo mejor: *"imaginemos una casa con diferentes puntos de electricidad y conectores, la electricidad funciona eficientemente, pero intento encender un equipo de sonido para escuchar música y ocurre que al encenderlo nada pasa, busco la causa por el cual no funciona, hasta que me percato de que simplemente estaba desconectado, solo basta enchufarlo para que la electricidad haga lo suyo y la música comience a fluir".* De esta misma forma actúa el yo Interno, el equipo es el que está perfectamente dotado para producir la música pero sin electricidad no funcionaria. El Yo interno es el que tiene la capacidad real de recibir y asimilar esa energía creadora si no estamos conectados nada ocurriría.

Somos creyentes de que existe una entidad superior que dirige nuestro destino, independientemente de cultos religiosos, esa entidad si existe, cada ser humano sobre esta tierra es parte de la creación divina, estamos hechos de la misma materia del creador porque provenimos de su fuente. Pero; ¿Qué nos conecta con el creador?

La conexión entre el yo interno y el creador es el "Yo superior", se puede decir que el *"**Yo superior**"* es la parte divina que se alimenta del creador, la fuente que vibra a una frecuencia muy elevada, un canal divino, este canal es por donde se nos transmiten los mensajes espirituales, con el cual interactuamos para magnificar los dones que nos otorgaron al nacer, el uso que le demos a esos dones es bajo nuestra propia conciencia.

Para entender bien la correlación entre Yo interno, Yo superior y Creador repasemos el ejemplo anterior de la casa, imaginemos todo lo que debe existir para crear esa energía eléctrica. Primero, la fuente principal generadora que hace posible crear la electricidad, segundo el vehículo que transporte y distribuya esa energía hasta la casa y que llegue a los conectores eléctricos, en este ejemplo el equipo de sonido ya lo relacionamos con el yo interno, la casa representaría el cuerpo físico (nuestro cuerpo), La electricidad como energía pura que fue producida por la planta generadora en este ejemplo representa al Yo Superior, todo está conectado. El yo superior es la energía, pura y perfecta que nos ata al creador.

Capítulo 2
Dones Y Talentos

Al nacer se nos otorga diversos dones para sobrevivir en este plano terrenal, la mayoría de las personas viven su vida hasta la vejez sin tener conocimiento de que estos dones existen, nadie viene a este plano sin estar dotado para ello, las humanidad desde siempre tiene conocimientos de la existencias de esos dones de acuerdo como se han manifestado en el proceso de la historia.

No debemos confundir los dones con el talento, los dones son innatos en cada individuo, se nace con ellos, el talento es la capacidad de entender y desempeñar un oficio, una persona puede perfeccionar su talento con inteligencia, alimentando sus conocimientos y habilidades haciéndose más eficaz, los dones se canalizan ya que no pertenecen al mundo físico. Hacer pócimas, brebajes, o tinturas son talentos aprendidos que se perfecciona, no son dones. Un talento lo aprendemos y afinamos con la práctica y el conocimiento.

Tipos De Dones Y Sus Usos

Desde la antigüedad todas las culturas y doctrinas religiosas afirman que el creador concedió a cada individuo uno o más dones espirituales como parte de su existencia, para estos ejemplo tomaremos uno de los textos más leídos en la historia, texto bíblico que describe los dones otorgados a los seres humanos.

Según el primer libro de Corintios 12:8-10 afirma que los dones divinos otorgado por dios son los siguientes:

- *Palabra de sabiduría*
- *Palabra de ciencia*
- *Fe*
- *Dones de sanidad*
- *El hacer milagros*
- *Profecía*
- *Discernimiento de espíritus*

- *Diversos géneros de lenguas*
- *Interpretación de lenguas*

Tal vez existen muchos otros, pero utilicemos como ejemplo los mencionados en el libro bíblico para demostrar mi punto, sin intención de desvirtuar su significado, veremos como realmente como funciona en el ser humano y así nos ayuden a entender cómo manejarlos.

<u>Don de la Palabra de Sabiduría</u>: este don según los seguidores de la escritura sagrada afirman que conlleva a decir con plena firmeza, cosas que son ciertas y están por ocurrir, que el hombre por su propia naturaleza no podría saber, nada tiene que ver con el conocimiento académico que haya obtenido una persona, sino más bien el convencimiento que tiene de que algo ocurrirá y lo describirá con exactitud.

A esta facultad los espirituales lo llamamos **<u>Precognición</u>** es la capacidad que tiene un individuo de ver a través del plano astral un suceso que está por ocurrir y darlo a conocer con convencimiento y firmeza de que ocurrirá, si fuese el caso de que solo los dignos poseen este don no habría tantos videntes, eso demuestra que los dones son repartido a todos los seres vivientes y que es la sociedad quien lo ajusta en una creencia religiosa.

<u>Don de la Palabra de ciencia</u>: Los cristianos lo definen como *"la revelación sobrenatural de hechos pasados, presentes o futuros sin intervención de la mente natura"*

Una revelación es un descubrimiento de un hecho oculto, cuando un yo interior está en completo equilibrio con su yo superior existe un canal bidireccional donde los mensajes del creador se transmiten por ese canal esto se revela por medio de la videncia, clarividencia o premoniciones.

<u>Don de la Fe</u>: la definición dada por los seguidores de la biblia afirman que el don de la Fe *"puede ser definido como el don especial por el cual el Espíritu le da a los cristianos la extraordinaria confianza en las* *promesas, el poder y la presencia de Dios, de modo que puedan asumir posiciones heroicas para el futuro"*

La fe es la creencia de la existencia de un ser superior una fuente que nos revela situaciones, confiar en lo que no se ve pero se espera con firmeza, todos los seres humanos tenemos fe en algo, ya que la fe es lo que alimenta nuestra esperanza y animo de seguir adelante. Sin duda la Fe es el mayor de los dones espirituales.

Por la fe somos capaces de mover energías interna para hacer posible una realidad en nuestras vidas, este es el mismo principio que se fundamenta la Ley de la Atracción. En este don utilizamos consciente o inconscientemente los pensamientos, emociones, creencias y anhelos que poseemos para emitir un mensaje al **Yo superior** que devuelve como resultado lo que esperamos.

Dones de sanidad: según la definición cristiana *"el don de sanidad son manifestaciones del Espíritu Santo que, movido a misericordia, y canalizándose a través de seres humanos, van en ayuda del necesitado. Las personas utilizadas por Dios como sus conductor para ejercer la sanidad"*

Las personas que nacen con este don son **Sanadores**, este don es transmitido por el creador con la intensión de curar enfermedades de manera instantánea, este maravilloso regalo es dado a muy pocas personas y algunos individuos que lo poseen ignoran su poder y no lo llegan a canalizarlo nunca. Se transmite a través de la conexión divina que hay entre el creador el Yo superior y el yo interno, se manifiesta a través de imposición de manos y la mayoría de las religiones la han utilizado como arma para que los creyentes sigan sus doctrinas, tal es el caso de las iglesias cristianas hacen cultos de sanación imponiendo las manos sobre la parte afectada y logrando la sanación, en el caso de los católicos, durante algunas ceremonias realizan sanaciones utilizando las manos y un paño blanco, otro ejemplo seria las rogaciones de cabeza realizada por los santeros, logrando que las personas de manera inmediata logre su sanidad, quiere decir que el don existe independientemente de la creencia religiosa.

<u>Don de hacer milagros:</u> siguiendo la definición dada, este don es *"Los milagros son hechos que anulan o contradicen a las denominadas leyes de la naturaleza"*

Este don se asimila mucho al don de la sanidad lo divide una línea muy delgada realmente, pero el don de hacer milagro va más allá, no solo se trata de la curación de un cuerpo físico, este don hace referencia a hechos verdaderamente relevantes y sin explicación lógica, según la biblia cristiana nombran algunos sucesos; la separación de las aguas del mar Rojo para que escapara el pueblo de Israel; la detención del sol y de la luna para Josué; la tinaja de harina que no escaseo y la vasija de aceite que no menguo durante el hambre en la tierra; el fuego que cayó del cielo sobre el Monte Carmelo para quemar el sacrificio de Elías y revelar al verdadero Dios.

Para nosotros los espirituales la manifestación de este don se materializa a través de la Telekinesia, Psicokinesis y la Hiloclastia.

La Telekinesia o telequinesis, es el desplazamiento de cuerpos u objeto mediante una acción mental a distancia sin la intervención de ningún medio físico conocido.

La Psicokinesis es la capacidad mental de influir en la materia y energía, sin causa mecánica visible, desafiando las dimensiones de espacio y tiempo. Un ejemplo popular de psicoquinesia, es el movimiento de objetos de un lugar desconocido a nuestras manos, usando solo la mente. O ubicándolo en un lugar accesible para ser encontrado.

La Hiloclastia. Se caracteriza por la materialización y desmaterialización de objetos, que pueden así penetrar en recintos herméticos rompiendo todas las leyes físicas muchos manifiesta que es imposible realizarlo.

Durante la evolución de la humanidad todos los milagros ocurridos en el tiempo lo atribuyen a constatar la existencia de dios, lo que ignoramos es que los dones que nos otorgaron son para que entender que somos esencia de ese ser que nos creó y nos otorgó la misma capacidad de obrar milagros, de crear, de sanar, de transformarnos para crear un cuerpo en perfecto estado físico y espiritual.

El don de la Profecía: según diferentes doctrinas *"Es un don sobrenatural que Dios da a la iglesia para recibir divinamente un mensaje del mismo corazón de Dios, para las cosas distantes o futuras"*

Debemos estar claros que el creador no otorga este don a un colectivo en particular los dones no vienen condicionados, mucho menos para manipular ciertas creencias. Este don es un arma poderosa porque involucran a otras personas, su interpretación debe ser orientada bajo los principios de honradez, integridad y conciencia, el realizar hacer una interpretación equivoca o distorsionar su significado a voluntad, ocasionaría un desequilibrio espiritual y el mensaje del creador se perdería.

La Profecías han sido reconocidas desde siglos antes de cristo, en la actualidad avalada por la parapsicología. Inclusive en los textos bíblicos hace referencia a un profeta de nombre Saúl quien constantemente a través de sus videncias le pronosticaba su futuro.

Nosotros los espirituales interpretamos este don a través de las videncias la cual describiré en el capítulo posterior.

El don de Discernimiento de espíritus: según la definición bíblica *"El don de discernimiento de espíritus o "distinguir" los espíritus como todos estos dones, el don de discernimiento de espíritus es dado por el Espíritu Santo, quien reparte estos dones a los creyentes para el servicio en el cuerpo de Cristo"*

Es obvio que los lideres una doctrina o religión pretendan condicionar los dones que nos ha otorgado el creador, para mantener a sus creyentes bajo la manipulación religiosa, todo lo que nos ha dado el creador es libre, el uso que le demos es bajo nuestro libre albedrío, si lo usamos para bien o para mal es bajo nuestra conciencia aunque mi recomendación personal a mis seguidores es que mientras aprendan lo hagan bien, con los principios mencionados anteriormente.

El don del Discernimiento de los espíritus, no es otro que la comunicación con un ente del plano astral, es hablar directamente con los espíritus, este poder usar como canal de comunicación al propio individuo que interactúa de manera directa y en tiempo real con una entidad, por su puesto la ubicamos en la videncia específicamente en la Teleportación.

<u>El don de Diversos géneros de lenguas y Don de Interpretación de lenguas:</u> según la definición eclesiástica *"Es una declaración sobrenatural por medio del Espíritu Santo, en idiomas nunca aprendidos por el que habla, ni entendidas generalmente por la mente del que habla"*

Este don se ha manifestado en diversos lugares del mundo y se han documentado, muchos han querido desvirtuarlo atribuyéndolo a la personalidad múltiple o los delirios de la personalidad, lo que nos lleva a la siguiente interrogante ¿cómo el cerebro puede hablar o entender un idioma jamás escuchado?

Nuestro Yo superior está ligado directamente al creador por un lado y por el otro a mi yo interior, el creador entiende todas las lenguas, todos los dialectos así como es capaz de enviarnos mensajes también es capaz de enviarnos la capacidad de entender y hablar otro idioma, en este caso no debe confundirse con la habilidad de aprender un idioma esto sería un talento que se logra por un proceso de aprendizaje, el don de interpretación de lenguas es otorgado sin pasar por ese proceso, es espontánea. Lo atribuimos a la regresión a vidas pasadas, la telepatía con otra persona viva distante, o a lo mediúmnico se puede considerar una videncia conocida como Xenoglosia que es la Capacidad inconsciente de hablar y entender otros idiomas desconocidos para la persona.

Capítulo 3
Hechiceros, Mago Y Brujos

No debemos confundir los términos de hechicero, mago o brujo, Un hechicero es una persona ascendida en el plano astral tiene perfecta comunicación con su yo superior, es consciente de sus dones y los maneja a su antojo, posee muchos talentos y los ha perfeccionado para aumentar su poder espiritual. Los hechiceros manejan los elementos naturales, en la actualidad un hechicero trabaja con estos elementos para crear hechizos. Pero es ficción que puede crear fuego o mover el agua, realmente lo que hace es crear obras espirituales con agua, fuego, tierra y logran conectarla a sus propósitos. Un individuo que pueda manejar simultáneamente los dones y los talentos es considerado hechicero.

Un mago es un individuo que ha estudiado el mundo espiritual desarrollo muchos talentos y los utiliza para hacer cosas extraordinarias, poco común para el resto de los individuos, por lo que a veces se le confunde con brujo, un mago a pesar de que tenga algún don los ignora completamente y no lo canaliza, confía solo en lo que ha aprendido, no actúa por intuición de su espiritualidad sino por lo aprendido.

Un brujo o bruja: es un individuo que conoce sus dones mágicos desde temprana edad es consciente de su poder y aprende a usarlos y fortificarlos con el tiempo, los brujos o brujas nacen con algún don de videncias las cuales detallare en un capítulo aparte, debemos tener claro que los dones de la videncia no es lo mismo que las mancia, por ejemplo leer el tarot no es un don, es una herramienta que usamos para desvelar el mensaje de la videncia, la lectura de cartas, péndulo, caracoles son talentos aprendidos que se utilizan para develar el mensaje que se nos manifiesta. Una bruja confía plenamente en sus dones si llegase a desarrollar algunos talentos automáticamente pasa a ser una Hechicera.

En este libro llamaremos a todos los aspirantes a ser magos, brujos o hechiceros *"arúspice"*, es un término muy poco utilizado en la actualidad, significa "Vidente" era usado por los estrucos, antiguos nigromantes, y luego los Sacerdotes de la antigua roma asumieron ese término para llamar a los brujos, se relaciona con aquel que aprendió a manejar las artes ocultas.

Capítulo 4
Videncias

Antes de ahondar sobre los tipos de videncia es necesario tener claro algunos términos conocidos que la sociedad ha prenombrado a todo que rodea a lo los individuos dotados de percepciones extrasensoriales y de esta manera tener clara cada definición, para defender con conocimientos lo que somos.

Anteriormente, vimos la diferencia entre hechiceros, magos y brujos, existen otros términos que se les ha otorgado a los individuos con estas facultades.

<u>Los Medium:</u>

Se dice que un médium es un individuo de cualquier edad o sexo que mantiene comunicación entre el mundo físico y el mundo espiritual con la capacidad de predecir sucesos del futuro, todos los seres humanos somos médium en distintos grados, nacimos con un vínculos irrompible con el mundo espiritual. Un médium es simplemente una bruja que maneja sus dones conscientemente.

<u>Adivina</u>: Es una persona que posee una videncia para descubrir sucesos ocultos, usualmente emplea algún talento aprendido para descifrar designios, puede que conozca de sus dones y los use pero los adivinos confían más en su talento aprendido como por ejemplo, las barajas, el tabaco el tarot y sus percepción de los acontecimientos no son del todo claro, hasta que no canalicen su don.

<u>Pitonisa</u>: La palabra pitonisa proviene del latín pytnisa, esta nace de la palabra pytho, que significa Pitón, según la mitología griega fue la gran serpiente o dragón de la madre tierra que mató al dios Apolo.

Una pitonisa se refiere específicamente a una mujer con la capacidad de predecir el futuro es sinónimo de adivina o vidente en muchos libros erróneamente la asocian con brujas y hechiceras, pero ya sabemos que su significado es diferente.

<u>Vidente</u>: Se le dice vidente a cualquier persona que tenga la capacidad de predecir el futuro, sin importar si para ello use sus dones o talentos aprendidos. Usualmente las videntes emplean medios para traducir su visión, como por ejemplo bolas de cristal u otra herramienta. En la actualidad se lo nombra Vidente como un adjetivo conocedora de artes ocultas no como persona que tenga conocimiento del don de la videncia por ejemplo una vidente usualmente usa lo aprendido para manipular circunstancias a su favor, como por ejemplo lograr una credibilidad y así atraer más clientes.

<u>Tarotista</u>: es la facultad que desarrolla una persona de interpretar las cartas del tarot, es un talento que se aprende para manejar un don, se diferencia del Cartomante, porque el tarot está compuesto de Setenta y Ochos cartas de los cuales 22 son arcanos mayores y 56 son arcanos menores, dentro de estos arcanos menores tenemos las 40 cartas de la baraja española.

<u>Espiritista</u>: a pesar de que todos tenemos materia espiritual, no todos somos espiritistas, ya que espiritista es la persona que tiene la facultad de interrelacionarse con los espíritus, indudablemente tiene el don de discernimiento de espíritus y es su medio de comunicarse con su yo superior.

<u>Cartomante</u>: Es la persona que interpreta una visión por medio de las barajas, las más utilizadas son las barajas españolas que están compuestas por cuarenta cartas.

<u>Curanderos</u>: Es una persona que posee el don de la sanación pero no solo utiliza sus manos, en la mayoría de los casos se afianza en la herbolaria para darle poderío a su preparación de pócimas y polvos sanadores, los curanderos han existido en todos los tiempos, por su condición de manejar un don y conocer diferentes talentos son hechiceros.

<u>Chamanes o Piache</u>: Son los sumos sacerdotes de una comunidad indígena, tienen la potestad para decidir sobre la vida de sus integrantes, poseen amplios conocimientos ancestrales sobre las medicinas provenientes de la herbolaria, por lo tanto son curanderos, también tienen videncias sobre sucesos que giraran en torno a su tribu sus videncias las obtienen por medio de ceremonias y consumo de alucinógenos, son grandes hechiceros con vasto conocimientos.

Santeros: Se le llaman santeros a los seguidores de la religión Yoruba, a diferencia de todos las anteriores para ser santero no se necesita haber mostrado previamente alguna facultad o talento espiritual, porque su fin no es interpretar videncia sino preservar la vida, cualquier persona que decida pasar por las ceremonias de hacerse santero puede hacerlo. Lo más importante en esta doctrina es que su destino es plasmado el día cuando se convierten en iyawo (iniciado) donde los orishas (santos de la religión Yoruba) hablan al iniciado través de los caracoles, los santeros pueden predecir sucesos a través del caracol, ya que es el santo orishas quien habla por este medio, quien realiza la ceremonias de Santería se le llama Oriate u Oba (significado es sacerdote o rey) hacerse santo conlleva a realizar muchas ceremonias de purificación antes del asentamiento del orishas en la cabeza del iniciado, no todos los santeros son espirituales, pero siguiendo las orientaciones de su ita (libro donde registra los designios del orishas) pueden vivir una vida plena, una persona con el asentamiento del santo orishas nunca podrá separarse del pacto que hizo con sus santos.

Paleros: Es un seguidor de la religión conocida como palo monte o palo mayombe, esta religión tiene muchas ramas derivadas como la ndoki, awakua, brillumba y muchas otras, un palero obligatoriamente tiene comunicación directa con un difunto, no se debe confundir con el don de discernimiento de espíritus, porque esta manera de comunicación con los muertos viene dada con un pacto o juramento que se hace con una persona fallecida, y el medio que se utiliza para comunicar el mensaje es a través de chamalongos (cuatro conchas de coco redondas), ser palero implica trabajar con osamentas, con elementos naturales inclusive con la herbolaria si predicen el futuro pero no de manera general lo hacen en torno a un suceso en particular. Un palero es un nigromante actual.

Babalawo: o Awo ni orumila, son sacerdotes de orumila, orishas de la adivinación en la religión yoruba perteneciente a la santería, para ser Babalawo por predilección debe haber pasado por el asentamiento del santo porque es el orisha titular quien le otorga el permiso para consagrarse ifa (sacerdote de orumila) solo los hombres pueden ser Babalawo, se debe pasar por muchas ceremonias consagratoria, no tienen dones específicos solo un talento único y exclusivos de ellos, se llama consulta con ekuale (cadena con conchas de jicoteas) que a través de los signos de ifa dan una orientación al consultado.

Capítulo 5
Espiritualidad

La Espiritualidad, proviene del griego y está compuesta por la voz *spiritus* que significa "*respiro*", "*alis*", que se refiere a "lo relativo a", y el sufijo "dad", que indica "*cualidad*", por lo tanto, etimológicamente, espiritualidad es todo lo relativo a la cualidad de lo espiritual o espíritu.

La espiritualidad es la esencia del espíritu que habita en cada persona, que busca su verdadera naturaleza más allá del mundo físico, lo asocian con una religión pero la realidad es que la espiritualidad está ligada al conocimiento de la existencia de un ser superior que crea vida y los medios para subsistir.

Energía Espiritual

El concepto de energía siempre está ligado a la ciencia o a la física pero en el mundo espiritual somos capaces de crear campos magnéticos movidos y transformando por la energía, según el concepto que le dan los científicos: "La energía *es la capacidad inherente que tienen los cuerpos para llevar a cabo un trabajo, movimiento o cambio que conlleva a la transformación de algo*".

Nosotros manejamos la energía espiritual, que no es otra cosa que la impulso magnético de la vida que fluye en todo nuestro cuerpo, es la esencia que le da resplandor a nuestra alma proyectando luz, quien carece de energía espiritual, no proyecta nada, es una persona oscura espiritualmente, lo positivo es que podemos transformar esa energía en nuestro cuerpo o simplemente hacerla fluir, otras culturas conocedoras del tema utilizaban como medios para tratar la energía espiritual estos medios son: la homeopatía, la curación energética, ozonoterapia, la acupuntura o la medicina tradicional china, estas artes aun subsisten en la actualidad y son efectivas.

Esa energía espiritual que proyectamos es la que le da vida a los hechizos o encantamientos. A través de los años se nos ha hecho creer la existencia de magia blanca o magia negra, que si somos practicante de la magia blanca no podremos hacer magia negra, pero la realidad es que son las mismas energías enfocadas en construir o destruir, somos capaces de dirigir esa energía espiritual para el bien o para el mal. La magia, brujería hechicería es un poder, y nosotros mismos decidimos como lo usamos.

Cuerpo Astral:

En la antigua civilización Griega se llamaba *eidolon*, que significa cuerpo vital invisible y doble del cuerpo de carne, con una forma análoga al cuerpo físico.

Es la capacidad que tiene un individuo de transportar su vehículo psíquico a otra dimensión. El cuerpo astral está compuesto por diferentes núcleos que hacen posible la proyección astral, el primer Núcleo es el Inferior está ubicado entre la parte superior de la pelvis y el abdomen justo por debajo del ombligo donde se encuentra el Chakra Sacro, allí se concentra toda la energía necesaria para materializar el viaje astral. El siguiente núcleo es el posterior es un punto ubicado en la espalda, en el omoplato, es el responsable de percibir las sensaciones cuando te proyectas, el otro núcleo es el superior, ubicado en la cabeza justo en el entrecejo donde está el Chakra del Tercer Ojo, representa la intuición, la percepción que tenemos del mundo que nos rodea y del interior. Es el responsable de dirigir el cuerpo astral y donde debe ir. Por ultimo tenemos el núcleo medio ubicado en el centro de nuestro pecho en el área del tórax es el Chakra del Corazón comprende todas las emociones relacionadas con el amor y la alegría, genera las emociones que emite una frecuencia emocional permite acceder de un territorio a otro. En todo este proceso está involucrada la energía

Para todo arúspice es importante manejar la proyección astral, es obvio que una proyección astral no es un don, es un talento que se perfecciona y cualquier ser humano puede aprenderlo y realizarlo.

Capítulo 6
Entidades Espirituales

Desde la perspectiva filosófica una entidad es lo que existe o pueda existir. La existencia es formar parte del mundo y puede ser comprobado, por otro lado ya sabemos que espiritualidad es la esencia del espíritu, es energía que no se ve pero se siente; una entidad espiritual es la presencia de una imagen incorpórea que puede materializarse y tomar forma humana según lo perciba el ojo de un individuo.

Los entes espirituales no tienen cuerpo ni forma, cuando una persona dice haber observado un difunto o fantasma es nuestra propia espiritualidad que interpreta esa presencia y lo transforma en un rostro conocido, esto no quiere decir que no sea un espectro, puede inclusive que esa persona que falleció nos traiga un mensaje, pero una vez que el alma se desconecta del cuerpo ya es energía transformada y no tiene forma definida.

Quienes son las entidades Espirituales

Las entidades espirituales son energía etéreas, proveniente de la fuente que discurren entre nosotros, entre la naturaleza y el campo astral, el espíritu de una persona fallecida es una entidad espiritual, este ente regresa a la fuente creadora o se queda en este mundo para tratar de culminar una misión, se considera como entes espirituales todos dioses, deidades e inclusive demonios que se hayan manifestado en el transcurso del tiempo.

Dios, Creador: es la fuente principal divina de donde emana todos los seres espirituales, Ser superior, con cualidades de estar omnipresente en cada cuerpo físico, su energía espiritual no se divide sino se multiplica por ello es capaz de estar en cada lugar donde haya un ser vivo.

Dioses y diosas: En la actualidad existen más de seis mil dioses asociados a distintas religiones. También se les conoce como deidades.

Deidades: Un dios que se le atribuye poderes en un área importante por ejemplo:

Dioses Egipcios:

◈ La Tríada osiríaca: Osiris, Isis, Horus.
◈ La también conocida como Tríada tebana: Amón, Mut, Jonsu.
◈ La Tríada menfita: Ptah, Sejmet, Nefertem.
◈ La conocida como Tríada de Edfu: Horus, Hathor, Harsomtus.
◈ La Tríada de Elefantina: Jnum, Satis, Anukis.
◈ En último lugar, La Tríada de Dendera: Horus, Hathor, Aqh.

Dioses Griegos:

◈ **Zeus**; Dios del cielo y el trueno.

◈ **Hera**; Es la diosa del matrimonio y de la familia.

◈ **Poseidón:** Dios de los mares, terremotos y los caballos.

◈ **Ares**: Hijo de Zeus y Hera y dios de la guerra y la violencia.

◈ **Hermes**; Es el dios del comercio y la retórica.

◈ **Hefestos**: Dios del fuego y la forja. Era el herrero y el artesano de los dioses.

◈ **Afrodita**; Diosa del amor, la belleza y el deseo.

◈ **Atenea**; Diosa de la sabiduría, la artesanía, la defensa y la guerra estratégica.

◈ **Apolo**; Dios de la luz y del sol, del conocimiento, la música, la poesía, la profecía y el tiro con arco.

◈ **Artemisa**; Diosa de la caza, la virginidad, el tiro con arco y todos los animales.

◈ **Démeter**; La diosa de la agricultura, la fertilidad, la naturaleza y las estaciones del año.

◈ **Hestia**; Diosa del hogar y de la familia. Según la historia, cedió a Dionisio su puesto entre los dioses olímpicos.

Dioses Wicca:

◈ **El Dios**; Representa al sol
◈ **Diosa**; Representa la luna

Dioses Nórdicos:

◈ **Thor: Dios** del trueno.

◈ **Balder**: Dios de la belleza y la inteligencia.

◈ **Tyr**: Es el dios del valor.

◈ **Bragi**: Es el dios de la sabiduría y la elocuencia.

◈ **Heimdall**: Es el hijo de nueve doncellas y al tiempo el guardián de los dioses.

◈ **Höðr**: Es un dios ciego hermano de Balder.

◈ **Vidar**: Es el dios para la resolución de conflictos.

◈ **Váli**: dios de los arqueros.

◈ **Ull**: El dios del combate cuerpo a cuerpo.

◈ **Forseti**: El As de la amistad y la concordia.

◇ **Loki**: dios del caos, azar, engaño y la mentira.

Dioses Yorubas: (Orishas)

◇ Eshu-Elegguá: Deidad que abre y cierra los caminos.

◇ Oggún; Dios de la Guerra y el Hierro.

◇ Oshosi: Dios de la Justicia

◇ Osun: Guardián del panteón Yoruba.

◇ Obbatalá: Dueño de las cabezas de todos los santeros, es blancura y pureza.

◇ Oshún: Diosa del amor y el dinero.

◇ Shangó: Dios del Fuego.

◇ Yemayá: Diosa del mar y madre del mundo.

Existen infinidades de diosas y dioses son protectores del ser humano y su existencia en esta tierra.

Ángeles: Seres celestiales benévolos, provienen directamente de la fuente divina.

Ángel de la Guarda: Se dice que es un espíritu proyector que cuida y protege a un ser hasta su muerte, pero la realidad es que el espíritu protector no es otro que la energía del Yo superior.

Arcángeles: Son ángeles de mayor jerarquía entre ellos están: Miguel, Gabriel, Rafael, Uriel, Raguel, Sariel, Remiel.

Espíritus elementales: Son los espíritus protectores, están en los elementos naturales, tierra, aire, agua y tierra.

Seres de Luz: Seres que transmiten energías de paz interior y buenas vibraciones.

Almas errantes o fantasmas: Espíritu de una persona fallecida que no ha trascendido al plano superior.

Demonios: Energía espiritual malévola, Un ser espiritual impuro que destruye la espiritualidad de un ser humano. Entre ellos están:

Lucifer: Es el espíritu del orgullo

Belcebú: Es el espíritu la envidia

Satán: Es el espíritu de ira

Abadón: Es el espíritu de pereza

Mammón: Es el espíritu de codicia

Belfegor: Es el espíritu de glotonería

Asmodeo: Es el espíritu de lujuria

Belcebú: era el príncipe de los Serafín, solo por debajo de Lucifer.

Leviatán: también era el príncipe de los Serafín que tienta a los hombres en la herejía, oponiéndose a San Pedro.

Asmodeo: era también el príncipe del Serafín, tentando con el deseo ardiente de la lascivia. Se opone a San Juan el bautista.

Balberith: era el príncipe de los Querubín.

Astaroth: era el príncipe de los Tronos, quien tienta al hombre con la pereza y se opone a San Bartolomé.

Verrine: también era el príncipe de los tronos, justo por debajo de Astaroth.

Grésil: era el tercer príncipe de los Tronos, quien tienta a los hombres con la impureza y se opone a San Bernardo.

Sonnillon: era el cuarto príncipe de los Tronos, quien tienta a los hombres a odiarse y se opone a San Esteban.

Carreau: era el príncipe de Poderes. Tienta a los hombres con la dureza de corazón y se opone a San Vicente Ferrer.

Carnivale: también era príncipe de Poderes. Tienta a los hombres con la obscenidad y la desvergüenza, oponiéndose a Juan el evangelista.

Oeillet: era el príncipe de Dominios. Tienta a los hombres a romper el voto de pobreza y se opone a San Martín.

Rosier: era el segundo en el orden de Dominios. Tienta a los hombres contra la pureza sexual y se opone a San Basilio.

Belias: era el príncipe de Virtudes. Tienta a los hombres con la arrogancia y a las mujeres con la vanidad, cría a los niños como caprichosos y cotillas durante la misa. Se opone a San Francisco de Paul.

Olivier: era el príncipe de los Arcángeles. Tienta a los hombres con la crueldad e inclemencia contra los pobres y se opone a San Lorenzo.

Luvart: era el príncipe de los Ángeles.

Verrier: era el príncipe de los Principados. Tienta a los hombres contra el voto de obediencia y se opone a San Bernardo.

Íncubo y súcubo: El incubo es un demonio hombre y súcubo mujer que incitan a los placeres sexuales.

Canalizacion De Los Dones Espirituales

La canalización es abrir un canal que anteriormente no existía, en este caso en particular al hacer la canalización de los dones estaremos abriremos la vía para que nuestra energía se conecte con el Yo superior y pueda emerger el don espiritual, existe varias maneras de aflorarlos, aquí solo detallaremos las más factibles en la actualidad ya que los métodos utilizados anteriormente son realmente difíciles y tardan años en ser perfeccionados.

Preparación del cuerpo físico para la canalización:

Preparar el cuerpo físico es importante ya que es el contenedor que aguantará toda la energía que produciremos. Los primeros tres días serán días de purificación, y es obligatorio que el arúspice una vez que realice los rituales, se vista de blanco y coloque un paño blanco sobre su cabeza mientras duerma.

Para esta canalización usaremos las fases lunares, trabajaremos bajo la influencia del "Novilunio" o Luna Nueva, preferiblemente al tercer día de esta fase donde la posición del Sol, la Luna y la Tierra están alineadas formando un ángulo de casi 180°.

Utilizaremos los siguientes materiales:

- *Leche liquida*
- *Pétalos de flores Blancas*
- *Miel de abejas.*
- *Avena en hojuelas*
- *Cinco huevos*
- *Cascarillas (su preparación se describe en polvos mágicos)*
- *Cinco velas blancas*

- *Cinco pastillas de alcanfor*

Pintaremos una estrella de cinco puntas usando la cascarilla, preferiblemente en una superficie plana en la intemperie (la estrella es un pentagrama). Debe ser suficientemente amplia para que pueda entrar el arúspice.

Ejemplo Del Pentagrama

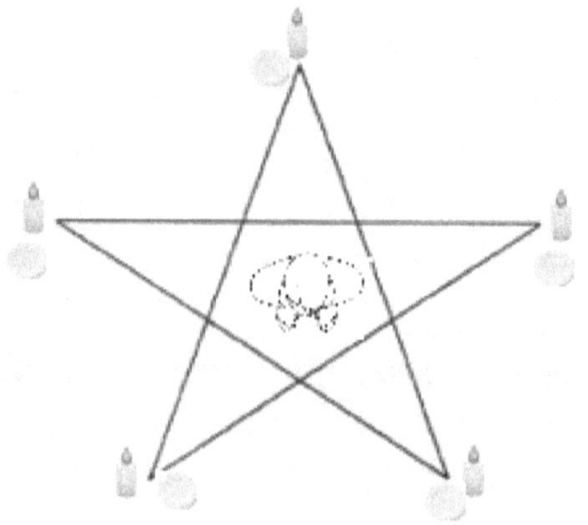

En cada punta del pentagrama se coloca un plato blanco donde pondremos cada uno de los materiales, a excepción de la vela, la cascarilla y el alcanfor que se colocaran al lado del plato, el arúspice debe estar de frente a la luna y deberá contar con la ayuda de otra persona, que ayudara a realizar la limpieza espiritual.

El primer paso es encender las velas comenzando con la punta de arriba la que representa la cabeza, conforme a las manillas del reloj no puede saltar de arriba hacia abajo, lo debe realizar el ayudante ya que el arúspice debe estar dentro del pentagrama al comenzar.

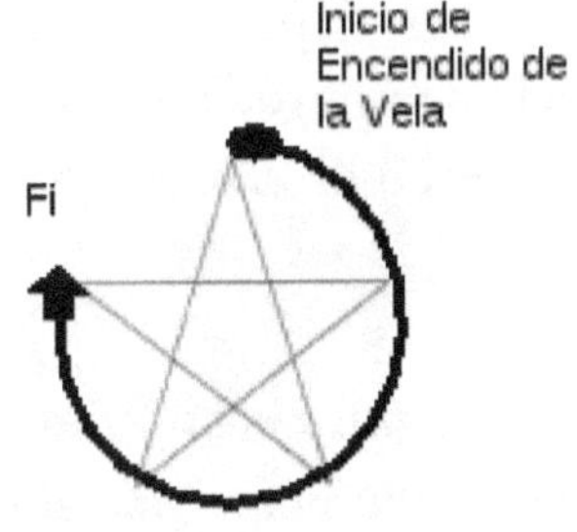

Una vez dentro debe concentrarse en vaciar todas sus emociones, todas sus angustias utilizara ese momento para reflexionar, es importante alejar sentimientos destructivos o de venganza, ese acto va más para sí mismo para evolucionar como persona espiritual, no se debe hacerse enfocado en crear destrucción de un enemigo. El momento de meditación debe durar aproximadamente sesenta minutos.

Posteriormente el ayudante enciende las pastillas de alcanfor para purificación del campo espiritual y alejar cualquier entidad negativa, esta encenderán como unas velas, debe hacerse con el mismo sentido de las velas.

Comenzará su limpieza con la asistencia de su ayudante verterá la leche sobre su cabeza y restregara todo su cuerpo de cabeza a los pies, luego la miel y la avena.

Debe recitar tres veces este conjuro.

"Figuris lunae honestus inluminabit Fascinatio mea coniungunt cum fulmine universo unus hoc tempore meo universam concedat"

Con los pétalos se los restregara en todo el cuerpo y se dejara caer al piso. La limpieza con el huevo debe ser muy meticulosa no puede partirse, el arúspice cuidadosamente pasara los huevos uno por uno en todo su cuerpo comenzando por su cabeza, los pasara por sus ojos ya que con eso terminara la ceguera espiritual y abrirá sus ojos. Si un huevo se revienta se debe de cerrar la obra y repetirla al inicio del siguiente Novilunio.

Por tres días el arúspice debe dormir vestido de blanco, tiene prohibido en ese tiempo tomar bebidas alcohólicas o drogas, tener relaciones sexuales, dormirse después de las diez de la noche y antes ir a la cama debe tomar un brebaje preparado con eneldo, romero y tomillo, todas son especies que se adquieren fácilmente.

Otro método efectivo es realizar mientras dormimos:

El arúspice vestirá de blanco con una pañoleta en la cabeza, igualmente esta canalización se hará bajo la influencia de la luna nueva, antes debe preparar un baño espiritual, se sentara bajo los rayos lunares con un recipiente lleno de agua, tendrá a la disposición las siguientes hierbas:

- ◈ *Albahaca*
- ◈ *Ruda*
- ◈ *Romero*
- ◈ *Eucalipto*
- ◈ *Yerba Buena*
- ◈ *Agua de rio*
- ◈ *Agua de Luna Llena*
- ◈ *Agua de lluvia*
- ◈ *Cascarilla*
- ◈ *Aguardiente.*

Para preparar el agua de luna llena se hace bajo la influencia de esta fase lunar, simplemente se coloca un envase de vidrio con agua mineral y bajo los rayos de la luna y se retirar antes de la salida del sol su función es potenciar estos rituales.

Cada hierba debe estar previamente lavada, y amarrada con una cinta blanca separadas unas de otras, como señal de respeto a cada una de sus propiedades, se deben colocar frente al balde que usaremos para su preparación. Antes de iniciar el ritual se dirá este conjuro.

"Et cum auctoritate, quod dedit mihi facultates sunt spiritualis auctor cum herbis sanandum potentiam et partum spiritualem potestatem"

Se va deshojando las hierbas poco a poco y luego se le agrega las aguas se debe tratar de extraer el máximo del sumo de las hierbas y reducirlas, una vez que el agua este verdosa se le coloca el polvo de la cascarilla y el aguardiente. El arúspice se debe bañar antes de dormir con esta preparación por tres días seguidos, se vestirá de blanco y dormirá temprano.

Otro método utilizando cuarzos:

Este método es efectivo pero debe hacerse por siete días, se magnetizan las energías para limpiar el cuerpo físico y el campo astral y lograr la conexión espiritual. Se debe tener los siguientes materiales:

- *7 cuarzos citrinos*
- *Oleato de mandarina*
- *Sal en grano*
- *7 velas*
- *Un vaso de vidrio con agua*

El arúspice, limpiara con los siete cuarzos todo su cuerpo pasándolo como si estuviera enjabonándose, agregará la sal en grano en el oleato y se lo colocara en el cuerpo, deberá dormir impregnado del oleato los cuarzos los colocara en un paño blanco y debajo de la almohada. Antes de usarlo al siguiente día debe desmagnetizar de las energías negativas absorbidas durante la noche, se hará colocándolos en agua con sal en grano alrededor de dos horas. Antes de dormir colocara una vela y el vaso con agua a la altura de la cabeza pidiendo conocer su don espiritual, este se le revelara por sueños.

Esto apenas es el inicio para que afloren los dones, aprender a manejarlos depende del interés de la persona en adiestrar su don.

Capítulo 7
Tipos De Videncia

La clarividencia, la clariaudiencia y, las premoniciones son facultades que permiten a un individuo recuperar informaciones pasadas o futuras solo puede realizarlo quien tenga ese don ya sea de manera voluntaria o involuntaria. Sin embargo no solo existen estos tipos de videncias, la parasicología ha hecho una descripción más amplias sobre la diversidad que han manifestados algunos individuos.

<u>Clasificación según la Parasicología</u>:

◇ *Videntes pre-cognitivos*, son capaces de percibir los acontecimientos antes de que se lleven a cabo.

◇ *Videntes táctiles o psicométricos*, quienes a través del contacto con algún objeto, reciben imágenes y sensaciones acerca de algún acontecimiento.

◇ *Videntes criptoscópicos*, tienen la capacidad de percibir más allá de lo físico, pueden ver lugares que se encuentran lejos o a los que naturalmente no se tiene acceso.

◇ *Videntes involuntarios*, quienes tienen visiones sin conocer su origen, ni pueden controlar las mismas.

◇ *Videntes sensoriales*, quienes perciben a través de los sentidos, mayormente necesitan el uso del tacto y del oído.

En muchos casos puede que el vidente, tenga una mezcla de varios tipos de videncia, llevándolo a realizar predicciones más acertadas.

Tipos de videncias observadas en el tiempo:

◇ <u>**Clarividencia**</u>: Es la capacidad de percibir situaciones pasadas o futuras extrasensorialmente donde una persona puede adivinar sucesos ocurridos sobre personas, cosas o lugares, aun si conocer previamente de ello.

◇ <u>**Clariaudiencia**</u>. Es la capacidad de oír voces, sonidos, palabras y ruidos, sin la utilización del oído, ocurre en la mente y nos conectan a una situación específica para darnos un mensaje, va más allá de la percepción normal de nuestra audición física común. Es un tipo de videncia que pocos tienen algunos, usualmente escuchan susurros de los difuntos, voces de entes desconocidos.

◇ **Clariestesia**. Es la capacidad de tener la sensaciones táctiles que lleven a un lugar u objeto sin utilizar el tacto, es solo la sensación de hacerlo que conecta la psique con un tiempo o lugar y un suceso que ocurrido, según las personas que tienen este tipo de videncias los sucesos siempre son de situaciones pasadas nunca fututas.

◇ **Postcognición**. Es similar a la clariestesia, solo que ocurre no con el sentido del tacto, sino con visitar un lugar o mirar un objeto transporta al individuo a situaciones pasadas y algún suceso que ocurrió.

◇ **Precognición**. También conocida como premonición, es la capacidad de conocer sucesos antes de que ocurran, sucesos que pueden afectar directamente a la persona involucrada o sus conocidos, estos sucesos mostrados en premoniciones no son deducidos a partir de información adquirida en el presente son simplemente revelaciones de cosas futuras que acontecerán.

◇ **Telepatía**. Es la capacidad de transmitir información psíquica sin medios físicos entre dos individuos creando una comunicación bilateral o unilateral, ya que un individuo se puede comunicar con otro para enviar un mensaje y no obtener respuesta para que exista la telepatía debe abrirse un canal de comunicación que es la conexión entre ambos.

◇ **Criptestesia**. Este término fue usado por por CH. Richet (1850, 1936) para designar qué, según él, el fenómeno paranormal se debería a algún tipo de vibración o emisión material desconocida. también se la conoce por sexto sentido. Percepción de elementos que se saben ocultos. Anterior a esto se conoció mucho en la edad media donde ciertas personas ubicaban reliquias u objetos perdidos, en la actualidad esta videncia está casi en desuso.

◇ **Pantomnesia**. Es también conocido como hipermnesia o criptomnesia, Es la memoria profunda del inconsciente, es la habilidad de memorizar y recordar todos los sucesos y vivencias que ocurren en el entorno un individuo en estado inconsciente, mejor explicada cuando una persona cae en coma y ocurren sucesos en su entorno que el no pudo visualizar, pero una vez lucido cuenta todo lo ocurrido y describe a las personas en su entorno, se han presentado casos donde una persona dormida durante un suceso después relata todo lo ocurrido como si estuvo presente.

◇ **Psicometría**. Es la única videncia que la ciencia a través de la psicología le ha dado reconocimiento, según la descripción de la psicología es la disciplina que se encarga de la medición cuantitativa de los procesos y capacidades mentales, Percepción de información relacionada con un objeto al tocarlo. Como método de adivinación es definido como la habilidad de obtener información relevante de un objeto, el dueño de un objeto, o la historia relacionada con un objeto haciendo contacto físico.

◇ **Autognosis**. Es la capacidad de mirar con la mente el interior de nuestro cuerpo y conocer con exactitud si algo afecta nuestro funcionamiento.

◇ **Percepción Extrasensorial Simple**. Es la capacidad de contactar una persona solo con la mente a pesar de que se confunde con la telepatía, es diferente porque la conexión establecida es unilateral, no hay respuesta del receptor solo es una teletransportacion metal para saber de una persona en específica, no hay un mensaje claro, solo se pretende conocer si la persona vive o está bien.

◇ **Xenoglosia**. es un término derivado de los vocablos griegos *"xenos"*, que significa extranjero, y *"glossis"*, que quiere decir lengua. Los parapsicólogos lo definen como la facultad de hablar lenguas extranjeras sin haberlas estudiado ni aprendido anteriormente y que normalmente son incluso desconocidas para quienes las hablan. Es el don de hablar lenguas, es una videncia que muestra la capacidad de in individuo de hablar y entender otros idiomas desconocidos para la persona.

Dentro de la parapsicología existe otra clasificación de videncias que involucran no solo la actividad extrasensorial sino también la actividad física y nombraron a esta clasificación como Parapsicobiofísica.

◇ **Dermoóptica**. Es la capacidad por la cual un individuo es capaz de leer palabras impresas o de distinguir los colores, mientras sus ojos están vendados.

◇ **Radiestesia**: Es la capacidad de obtener vibraciones con la ayuda de un péndulo o varilla. En la actualidad hay personas que utilizan el péndulo como método de consulta.

◇ **Telekinesis**. Se deriva del griego, de la palabra *"tele"*, que puede traducirse como "lejos", y "kinesis", significa *"movimiento"* Movimiento de objetos a voluntad con la mente.

◇ **Psicokinesis**. Es un desafío al tiempo y el espacio ya que se produce cuando mentalmente podemos mover objetos con sin tocarlos solo con enfocarse en la mente.

◇ **Hiloclastia**: Esta práctica reta a la ciencia rompen las leyes físicas quien la define como no posibles. Ya que con su capacidad mental un individuo es capaz de romper un objeto con su mente.

◇ **Teleportación**. Es la capacidad de un individuo de trasladar su cuerpo astral a un punto determinado mediante energía psíquica. Pudiendo realizar viajes astrales o proyecciones astrales. Aquí no entraría la transportación de un espíritu a un cuerpo eso lo detalla más adelante.

◇ **Levitación**. Es la capacidad que tienen un individuo de suspender su cuerpo físico en el aire.

◇ **Ectoplasmia**. Es la facultad que algunos individuos tienen para secretar fluidos etéricos que son materias espectrales manifestada en el cuerpo físico de una persona. Muchos científicos no conocidos y algunos premiados con el Nobel, como Charles Richet (1850-1935), William Crookes (1832-1919), Ernesto Bozzano (1862-1943), Gabriel Delanne (1857-1926), y Alexandre Aksakof(1832-1903), realizaron estudios en torno a este fenómeno.

◇ **Ectocoloplasmía**. Cuando el ecloplasma exudado toma una forma definida y reconocible.

◇ **Termogénesis**. Es la capacidad de un individuo de aumentar o disminuir la temperatura en un sitio cerrado.

◇ **Demografía**. Aparición sobre la piel de letras, figuras o signos.

◇ **Raps.** También conocido como tipología, son los golpes utilizados en comunicaciones espiritistas.

◇ **Telergia**. Según la definición de la Parapsicología es la energía emanada y transformada por el organismo de una persona para producir fenómenos esta definición es generalizada ya qua la misma engloba la telekinesis, la ideoplastia y la conexión espiritista.

◇ **Psicofonías**. Es lograr la impresión telérgica o telepatica sobre una cinta o medio de grabación.

◇ **Psicoimágenes**. Lo mismo pero sobre fotografías o video.

◇ **Escotofotografía**. Impresión telérgica sobre una película virgen.

◇   **Psicografía**. Escritura automática inconsciente, manifestación de otras capacidades como la clarividencia o comunicación mediumnica en escritos.

Capítulo 8
Las Mancias Como Herramientas
De Manifestacion De Dones Espirituales

La palabra Mancia tiene su origen en la palabra griega "Mantía" o "Manteia" siendo su sinónimo: "Adivino". La importancia de su raíz indoeuropea "Men" tiene el significado de: "Pensar". Mi propia definición de la mancias: son aquellos métodos utilizados por un individuo para interpretar las señales dadas en una videncia; es un vehículo para dirigir el mensaje y que su interpretación sea directa. Estas herramientas son indispensables para todos los arúspices. Para ver su importancia consideremos el siguiente ejemplo: Una persona que se inició en el mundo espiritual, es consciente de sus dones y ha aprendido a manejarlo, posee el don de la clarividencia y la premonición, esta persona tiene una visión sobre un suceso que ocurrirá en su vida, solo le vienen a la mente eventos distorsionados, pero su intuición le asegura que ocurrirán en algún momento del tiempo, esta persona confía en su poder pero solo tiene trozos de información de lo que acontecerá. Ahora se le presentan estas interrogantes. ¿En qué momento pasaran estas cosas?, ¿Puedo hacer algo al respeto para combatir este suceso?, ¿Puedo cambiar algo para mitigar los daños?, ¿Qué otra persona se verá perjudicada? y así, cada día que pase le vendrán a su mente estas interrogantes, estará temeroso y siendo osado se atreverá a realizar obras espirituales para tratar de borrar este presagio, pero como aprenderemos más adelante las obras espirituales deben ser precisas para un determinado suceso, las obras espirituales son como una medicina para una enfermedad, se debe consultar el ritual ideal para combatir un suceso o cambiar una realidad. Las mancias nos ayudaran a ello, a responder las interrogantes y a preguntar con sensatez y certeza la obra indicada para combatir este presagio.

Esta persona descrita en el ejemplo tenía un don que le indico un peligro, pero no tenía la herramienta para esclarecer el mensaje, es allí la importancia de aprender algunas de las mancias.

Tipos De Mancias Usadas En La Actualidad

A pesar de que existen cientos de mancias solo mencionare las más relevantes y efectivas, que tienen buen uso en la actualidad, no es importante para el arúspice conocer las mancias que se usaron en tiempos remotos ya que su uso se ha descontinuado, sin embargo las mencionado a continuación se usan en la actualidad.

Quiromancia: Es el método de adivinación que se utiliza por la lectura de las líneas de las manos.

Taseomancia: Adivinación que se hace por los patrones simbólicos que forman las hojas de té en una taza.

Bibliomancia: procedimiento adivinatorio que se hace abriendo un libro al azar e interpretando la cita, con nociones psíquicas para revelar un mensaje.

Cafemancia: Método de adivinación que se realiza traduciendo los patrones dejado por la borra del café en una taza.

Cleromancia: Es la adivinación que se realiza a través de los dados, se hace un ritual-conjuro donde se pide muestren la suerte de la persona y se pronostica el futuro según los números que marcaban.

Encromancia: Método de adivinación que se realiza pintando un papel con tinta, y según las manchas que se van formando se mira el futuro del consultante.

Hidromancia: es una técnica de adivinación que se realiza a través del agua, se mira las ondas que va produciendo el agua para determinar lo que le depara a la persona.

Cartomancia: Es una forma de adivinación donde se predice el futuro a través de las cartas, las más usadas son las barajas españolas que contiene un mazo de 40 naipes, posterior mente se ubicó este mazo como arcanos menores.

Ceromancia: Es la interpretación de una premonición a través del derretimiento de las velas, no solo se toma en cuenta la cera y su forma de derretirse sino los diferentes matices de las luces y su movimiento.

Oliomancia: Es la técnica de adivinación que se deriva de los aullidos perros. Esta mancia en particular no pretende en si develar una adivinación completa, más bien advierte de un mal presagio o un acontecimiento nefasto que le ocurrirá a la personas que lo escucha, es algo que va más allá de un simple aullido, involucra también los ecos de esos aullidos, la hora en que ocurre.

Oniromancia: Es el arte de adivinación de interpretar los sueños, también es conocido como premoniciones o clarividencias, Es el sistema de adivinación más antiguos, proviene del griego oneirós (sueño) y mantheía (adivinar); en épocas remotas los reyes pedían a sus sacerdotes la interpretación de los sueños y como influenciarían a su pueblo, es una de las videncias más comunes por cuanto los sueños son la comunicación directa con el creador.

Necromancia, nigromancia, nigromancía, o necromancía proviene del latín necromantīa, y este del griego νεκρομαντεία; unión de necros «muerte» y mantīa «adivinación» nekromanteia, adivinación por medio de los muertos, es considerada por muchos como magia negra, ya que su adivinación se hacía visualizando las vísceras de los muertos, en el pasado estas prácticas eran considerada satánicas y quien la ejercía era perseguido y asesinado, obligando a muchos nigromantes a realizar cambios en su técnica de interpretación, en la actualidad dicha técnica adivinatoria persiste, no debe confundirse con la comunicación con espíritus, esta técnica se refiere a la comunicación con los muertos e involucra algún contacto con una osamenta humana, ejemplo de ellos la religión constituida como palo mayombe. Ser nigromante no es una tarea fácil, anteriormente un individuo se iniciaba solo, en la actualidad se debe pertenecer a un culto y realizar ceremonias y pactos con los muertos.

Tarotmancias: Interpretación del futuro utilizando las cartas de tarot, esta técnica no es la misma que cartomancia, su mazo contienen 78 cartas y las mismas están divididas en dos tipos: Cincuenta y seis arcanos Mayores y veintidós arcanos Menores, es una de las adivinaciones más utilizada por su exactitud al momento de revelar el futuro.

Runas: Es un arte adivinatorio utilizado en la antigüedad por los vikingos, "RUNAS" significa secreto y simboliza el ruido de una piedra rozando con otra, son 24 piedras marcadas con símbolos del alfabeto de Futhark, es un arte poco practicados por los espirituales.

Péndulo: Este método de adivinación se utiliza manejando la radiestesia (energía magnética de un cuerpo), a pesar de que su origen es desconocido se tienen pruebas de su prácticas en China y Egipto, inicialmente para ubicar yacimientos de minerales, luego se le dio uso como método adivinatorio del porvenir.

Tabacomancia: Técnicas de adivinación que se realiza interpretando las cenizas de un tabaco. Inicialmente se consideraba el humo como parte de la interpretación pero la realidad es que el tabaco muestra en sus cenizas las formas y acontecimientos que ocurren u ocurrirán a una persona.

Numerología: Método adivinatorio donde se utilizaban los números de la fecha de nacimiento de una persona para revelar los designios que le fueron marcados, según esta técnica, no se refería a sucesos que estaban por ocurrir, más bien afirma que el destino de la persona está plasmado desde el día que nació.

Astrología: Es la interpretación que se realiza utilizando los eventos ocurridos en las constelaciones, movimientos de los astros o giros planetarios y reconociendo su influencia sobre un individuo.

I Ching: Proviene del chino en chino tradicional: [illegible]; en chino simplificado: [illegible]; en pinyin: yì jīng, su práctica data de 1.200 años antes de cristo, se conoce también como el oráculo de la suerte, no determinaba directamente el destino a largo plazo del consultante, solo otorga concejo antes las situaciones que están por venir.

Capítulo 9
Espacio Sagrado

Todo arúspice (mago, bruja o hechicera) debe tener su espacio de poder donde realice sus rituales mágicos, mucho lo bautizan como un altar pero más que altar es un templo sagrado que debe respetarse, una vez que un arúspice comience a realizar rituales, este espacio será el santuario para que pernoten las entidades espirituales, debe limpiarse constantemente con riegos y sahumerios para alejar a cualquier entidad obsesa y darle la permanencia a los seres espirituales de luz y evolución.

El espacio sagrado, solo debe ser tocado por su posesor y a quien este designe como ayudante o mayordomo.

Recomendaciones para Limpiar el Espacio Sagrado

Para iniciar las actividades en el espacio sagrado se debe limpiar con riegos blancos, así el espacio sagrado este a la intemperie.

- Agua Lunar del Plenilunio
- Pétalos de Flores Blancas
- Néctar de Guanábana
- Cascarilla
- Manteca de cacao rayada
- Oleato de sándalo.

Preparar todo en una cazuela de barro y hacer riegos en todo el entorno, si posee techo también se debe irrigar el riego. Se prepara un sahumerio con romero, mirra, estoraque e incienso y se humarea el espacio.

Herramientas Que Debe Poseer Un Arúspice

- Un caldero mediano de hierro de tres patas que no sea de calamina
- Tres cazuelas de barro grande
- Tres cazuelas de barro mediana
- Tres cazuelas de Barro pequeña

- Semillas de Ojo de buey (pepa de zamuro), pionía, mate, Guacalote, corazón de chango, cuarzos, pirita, algarrobo.
- Plumas de gallo, codornices y gallinetas.
- Una pipeta
- Cuchillo
- Tres cucharas de madera
- Una copa o un cáliz
- Un incensario
- Dos bol de vidrio grande y dos pequeños
- Moldes o envases para fabricar velas
- El anillo del poder (nombrado en los rituales)
- Machete
- Daga
- Un bastón para llamar entidades.
- cucharas medidoras, y una Probeta.

A medida que se va avanzando en conocimiento el arúspice el libre de elegir sus propias herramientas y adaptarla a sus necesidades, para comenzar a descubrir su don puede comenzar con pocas e ir complementándola progresivamente.

Capítulo 10
Las Fases Lunares Y Su
Influencia En Los Rituales

Antes de ver la influencia de la luna en los rituales mágicos, entendamos primero que son las fases lunares y cuanto es su duración.

Las fases lunares son los cambios en la forma iluminada de la luna que se mira desde la tierra, según su posición con respecto a la tierra y el sol. La luna es un satélite natural de la tierra que gira alrededor de la tierra y sobre sí misma, alcanzando un periodo de todas la fases de aproximadamente 29,5 días.

Mientras la luna orbita alrededor de la tierra, continuamente cambia de forma, cada fase principal (luna nueva, creciente, Luna llena, Menguante) dura aproximadamente 7,4 días

Fases Lunares

Luna nueva o Novilunio: En esta etapa toda la superficie de la tierra esta obscura y por ello es difícil detectarla, en esta fase el satélite recorre 180° de su órbita.

Luna Creciente: Al culminar la fase de la luna nueva esta luna se hace visible a tercer día de su inicio, en el Hemisferio Sur es visible del lado izquierdo y del lado derecho en el Hemisferio Norte, en esta fase la órbita recorre entre 45 a 90° de su órbita, se puede observar tras la puesta del sol.

Cuarto Creciente: En esta fase solo se observa la mitad del disco lunar, es visible desde el mediodía a la media noche recorre de 90 a 135° de su órbita.

Luna Gibosa creciente: La superficie que se puede observar es mayor a la mitad de la luna, en el Hemisferio norte se mira una curva en el lado derecho y en el Hemisferio sur la curva se vislumbra en el lado izquierdo.

Luna llena o Plenilunio: Se observa la luna completamente iluminada, el sol y la luna están alineados en línea recta, y la tierra en el centro, se observa desde la puesta del sol hasta el amanecer y alcanza su punto alto a la media noche.

Luna gibosa menguante: La superficie iluminada comienza a disminuir ocasionando una curva, observada del lado izquierdo en el hemisferio norte o del lado derecho en el hemisferio sur. Dura desde la puesta del sol hasta la media noche.

Cuarto menguante: Es la fase lunar contraria a cuarto creciente, se observa la iluminación de la mitad de la luna en el hemisferio norte del lado izquierdo y en el hemisferio sur del lado derecho, sale desde media noche hasta el amanecer.

Luna menguante: También conocida como luna vieja, en esta fase solo es visible un delgado segmento de la luna, en el hemisferio norte del lado derecho y el sur al contrario, aquí se completa el ciclo luna, el promedio de recorrido en días terrestres son alrededor de 29.530589 días terrestres es el promedio que transcurre entre una Luna nueva y otra, se llama mes sinódico.

Influencia de la Luna en los Hechizos mágicos

Algunas culturas como los mayas, chinos, sumerios, babilonios o hebreos antiguos, utilizaban las fases lunares para orientar sus calendarios y a si conocer el tiempo idóneo para consolidar eventos importantes en su pueblos como por ejemplo, la fertilidad, la siembra y cosechas,

Desde la antigüedad la luna guardaba una influencia directa con las plantas medicinales o mágicas. En la India más ancestral se consideraba que la Luna era la primera de las hierbas y le era otorgada la facultad de fecundar los campos y dar vida a las plantas.

Los wicca, (brujos de Europa) culto que se inició desde mediados del siglo XX, su diosa principal es la luna que representa la fertilidad, utilizan las fases lunares para realizar sus hechizos.

Luna nueva o Novilunio: En esta fase lunar es ideal para realizar, hechizos de sanación o depuraciones de sentimientos destructivos, inicio y creación de nuevos hechizos porque su influencia creadora hace que planificar acciones religiosas sea fácil.

Luna Creciente: Esta luna es ideal para realizar hechizos de atracción, inicio de una nueva relación, inicio de proyectos financiero es perfecto para hacer obras de prosperidad económica.

Cuarto Creciente: Es esta fase debemos reactivar actividades detenidas, es excelente para crecimiento personal y culminación de estudios, se las obras que se deben realizar es de

Luna Gibosa creciente: para sembrar las hierbas que usaremos en nuestros encantamientos.

Luna llena o Plenilunio: Esta es una de las fases más importantes después del novilunio, es ideal para crear sentimientos, crear obras de evolución y fortaleza. Hechizos de amor y amistad, obras de prosperidad y todo lo relacionado con la evolución positiva de una persona.

Luna gibosa menguante: representa el decrecimiento, para cerrar ciclos, es el periodo final y al mismo tiempo nos indica que debemos prepararnos para un nuevo ciclo, es excelente para deshacernos de lo que no nos interesa. Es ideal para la meditación y practicas mentales.

Cuarto menguante: Para hacer pasiones de efectos negativos que culminen con situaciones que nos perjudican.

Luna menguante: Para realizar hechizos para finalizar situaciones, superar a los enemigos, terminar relaciones.

Sucesos importantes de las Fases Lunares

Solsticio de Invierno: ocurre en el hemisferio norte desde el 20 al 23 de diciembre y el hemisferio sur desde el 20 al 23 de junio.

Durante este suceso se pueden realizar rituales de limpieza espiritual para prepararnos a enfrentar el mundo, preparar baños de frutas y hierbas aromáticas para la renovación espiritual.

Equinoccio de Primavera: ocurre en el hemisferio norte desde el 20 al 23 de marzo y el hemisferio sur desde el 20 al 23 de septiembre.

Es excelente para realizar hechizos para abrir nuevos caminos, atraer la abundancia, la paz y obras de pureza espiritual.

Solsticio de Verano ocurre en el hemisferio norte desde el 20 al 23 de junio y el hemisferio sur desde el 20 al 23 de diciembre.

Es propicio para realizar rituales de virilidad masculinas, hacer hogueras para purificación, y honrar a la diosa luna.

Equinoccio de Otoño ocurre en el hemisferio norte desde el 20 al 23 de septiembre y el hemisferio sur desde el 20 al 23 de marzo.

En este suceso se hacen rituales para agradecimiento a nuestros ancestros, es el equilibrio de la tierra, es ideal para realizar baños dulces.

Capítulo 11
Elaboracion De Oleatos O Aceites Esenciales

Los aceites esenciales son una mezcla que se realiza para extraer la esencia de las flores o hierbas de donde obtendremos su componente activo ya sea por destilación, maceración o extracción para preservar su extracto en el aceite.

Aquí elaboraremos los aceites nosotros mismos, con el método que usaremos el producto terminado tendrá una duración de un año si se almacena correctamente, es un elemento imprescindible para los rituales, ya que serán parte de nuestros materiales; también aprenderemos a elaborar aceites para lograr una estado salud óptima.

Para la elaboración de los oleatos, podemos trabajar con estos tipos de aceites, Aceite de Girasol, Aceite de almendra, Aceite para bebe (que venden en farmacias) o Aceite de Oliva, debido a que sus propiedades fijan perfectamente el extracto de las flores o hierbas con la cual trabajaremos. En particular el aceite que más utilizo es el aceite para bebe ya que es más fácil de trabajar y no cambia la esencia de las hierbas.

Es indispensable que para mantener los oleatos utilicemos solo frascos de vidrio, nunca embaces de plásticos ya que no mantienen el producto terminado, los frascos debe ser lavados y esterilizados con agua caliente.

Oleatos por Maceración: Es un método que se utiliza para hacer el aceite esencial su elaboración es muy fácil, solo debemos colocar 250 ml de aceite y 150 gramos de las hierbas o flores que vayamos a preparar, se tapa muy bien el frasco, lo etiquetamos y guardamos en un lugar donde no le dé la luz por un mes exactamente, lo negativo de este método es el tiempo que invertimos en su elaboración.

Oleatos por Destilación: Es un método que solo usaremos en caso de tener una destiladora o un alambique es un poco complicado, ya que no todos podemos tener en casa estas herramienta, su elaboración comienza pesando los materiales que vamos a procesar en medidas exactas y casi siempre de medio kilo de hierbas ya deshidratadas en un litro de agua todos los materiales se introducen en la columna de destilación, se sella herméticamente la destiladora y se enciende hasta que hierva, el vapor cálido, sube hacia el serpentín aproximadamente de cuarenta minutos a una hora comienza a salir el agua destilada impregnada del aceite después de terminado la destilación el producto se introduce en un embudo de decantación para separar el agua del aceite. Como mencione anteriormente este método es un poco riguroso y poco accesible por lo tanto solo queda a disposición de quien posea estos aparatos.

Oleatos por Extracción: Es el método predilecto, ya que es fácil y rápido, en tan solo una hora ya tenemos nuestro aceite esencial, para su elaboración necesitaremos una olla con agua para baño de maría, una olla para colocar el aceite 250 de aceite (cualquiera de los mencionados anteriormente) y 200 gramos de la hierba que vayamos a utilizar, colocamos los materiales en el recipiente, encenderemos la cocina con la llama baja colocamos el baño de maría y encima la olla, de vez en cuando revolvemos el aceite con una paleta de madera, debe permanecer una hora en la cocina para lograr la extracción de los aromas, después de este tiempo se cuela y se deja enfriar y se envasa en un frasco de vidrio.

Oleatos Y Sus Usos

En la elaboración de estos aceites usaremos el método que el arúspice desee utilizar como ya mencionamos el aceite es indispensable para la elaboración de nuestros rituales.

Los oleatos son bases para elaboración de hechizos, especialmente hechizos de amor, de evolución y prosperidad por ello es importante conocer sus usos.

Aceite de menta: Se realiza el oleato y se debe usar la menta sin flores, sin importa si las hierbas están deshidratada o fresca, su uso es para tratar dolencias, para hacer obras de evolución y prosperidad y es base para preparar pomadas.

Aceite de ajo: en este aceite es recomendable hacerlo por extracción su uso es únicamente para lograr restablecer la salud, específicamente para dolencias, para dolor de muelas, curar varices, puede ser consumida para tratar la tensión arterial y limpiar válvulas del corazón.

Aceite de clavos de especies: El oleato de clavo de especie o clavos de olor, es ideal para hacer hechizos de amor, para la prosperidad también sirve para lograr favorecerse en juicios y negocios, para convencer multitudes, y muchas otras situaciones positivas.

Aceite de verbena: Es base para hacer pomadas, para masajes de aromaterapia, sirve para las dolencias en el cuerpo, es antibiótico natural, para curar llagas u quemaduras.

Aceite de lavanda, su uso es externo, se usa como base para pomadas, tiene propiedades antiinflamatorias, cicatriza heridas, para dolores externos como de cabeza o migrañas, también es uno de los elementos que se usa en amarres de amor.

Aceite de Rosa: El aceite de rosa es un perfume por excelencia, se utiliza como base para pomadas de fresco aroma, es uno de los ingredientes principales para los amarres de amor, para obras del perdón y superar experiencias dolorosas.

Aceite de Jazmín: El aceite de Jazmín es un atrayente sexual, posee feromonas naturales para enamorar, es base para hacer pomadas y hacer obras de pasión y atracción.

Aceite de Árnica: Para sanaciones de dolencias y golpes en el cuerpo, sirve para agregar unas gotas en el sahumerio y alejar energías malas, para masajes en caso de artritis y reumatismo.

Aceite de caléndula con manzanilla: es un oleato usado para cicatrizar, es antiinflamatorio y ayuda a la circulación en las piernas adoloridas.

Esto son solo algunos pero se pueden preparar oleatos para todas las hierbas conocidas.

Capítulo 12
Preparacion De Pomadas Con Propiedades Magicas

El uso de las pomadas es exclusivamente para sanaciones del cuerpo, ya sea que se utilicen técnicas como la aromaterapia, reiki o simplemente para sanar dolencia, su uso es externo no se puede consumir, ya que la composición química de una pomada es más grasa que crema.

El proceso para elaborar pomadas es muy simple, solo preparemos el oleato por extracción y colamos el aceite esperando unos cincos minutos que baje la temperatura y volvemos a montar el aceite en baño de maría agregaremos cien gramos de manteca de cacao para darle la consistencia sólida, una vez que se derrita se debe vaciar en un tarro. No usaremos ni vaselina, ni ningún petrolato ya que dañaría nuestro ungüento, la manteca de cacao tiene propiedades restauradoras por ellos es la única base sólida que usaremos.

Pomadas Y Sus Usos

Pomadas con propiedades antibióticas: Para heridas infectadas en la piel es recomendable el uso de pomadas de la planta de sello de oro con jengibre.

También funciona como perfecto antibiótico la pomada de yagrumo. O pomada de caléndula.

Pomadas para cólicos nefríticos y cólicos en bebe: para esta afección es muy efectivo preparar pomadas de azahar su acción es inmediata para calmar los cólicos.

Pomadas para la artritis y reumatismo: La hierba por excelencia que funciona para calmar fuertes dolores es la cúrcuma, por ello no debe faltar la pomada para quitar estas afecciones, posee propiedades antiinflamatorias y analgésicas, otra pomada que no debe faltar es la de romero que produce sensación de alivio al aplicarla.

Pomadas para el cansancio y relajación: para masajear unos pies cansados y quitar el estrés se debe usar la pomada de jengibre con menta y miel, la miel debe agregarse al final de la preparación de la pomada no debe ponerse al fuego porque pierde sus propiedades.

Pomada para aliviar la soriasis: para aliviar esta afección se debe preparar una pomada a base de uvas de obregón y para calmar la resequedad de la piel pomada a base de manzanilla.

Pomada para las quemaduras: se debe preparar pomada con conchas de melón. Se puede dejar la pulpa en la pomada.

Pomadas antiasmáticas: para expandir los pulmones se debe aplicar la pomada de eucalipto con ajo, y después de cinco minutos de la aplicación realizar percusiones torácicas en cada pulmón por aproximadamente 10 minutos en cada uno.

Pomadas para aliviar la erisipela: la erisipela no es una enfermedad médica, es una brujería que afecta una parte de nuestro cuerpo, la pomada solo aliviara las dolencias pero para su cura es necesario realizar ensalmes en la parte afectadas. Es aconsejable usar la pomada preparada con hojas de Árnica.

Pomadas para soldar huesos rotos: antes se debe preparar el oleato debe ser con aceite de oliva virgen y tallo de sauce, posteriormente se aplica la manteca de cacao, se impregnara la parte afectada con esta pomada de arriba hacia abajo, conjurando para el restablecimiento del hueso.

Capítulo 13
Tinturas Y Vinos Medicinales

Las Tinturas o vinos medicinales son una preparación a base de alcohol que se utiliza extraer componentes esenciales de las plantas, uno de los más utilizado ya que preserva las esencias de las plantas por un largo tiempo, se diferencia de los aceites esenciales ya que la tintura puede consumirse, aparte de ser utilizado eficientemente en hechizos.

Para preparar las tinturas se puede usar el alcohol al 40%, aguardiente, Vodka o vinos, las hierbas o raíces a utilizar pueden ser frescas, secas o polvos, el envase para su maceración debe ser exclusivamente de vidrio boca ancha.

Preparacion De Tintura O Vinos Medicinales

Prepararemos las tinturas utilizando un envase de vidrio y boca ancha donde agregaremos un litro de alcohol, aguardiente o vino, es aconsejable que si es para consumo se prepare con aguardiente o vino, si es para hechizos se elabore con el alcohol.

Vino para la cura de cáncer u otras enfermedades degenerativas: La mayoría de las personas que sufren esta enfermedad en sus inicios y han consumido vino de Noni han mejorado en más del ochenta por ciento de los casos ya que el noni cura efectivamente, es anti cancerígeno, anti hipertensivo y antidiabético su uso debe ser continuo por sesenta días para notar su efectividad. Su preparación se realiza agregando la fruta del noni entera en un litro de vino y dejar macerar por ocho días, se debe tomar una copa pequeña a diario.

Tintura de chuchuguaza (Monteverdia laevis): para curar el reumatismo y afecciones intestinales, también tiene propiedades desinflamatorias se utiliza la corteza del árbol macerándola en aguardiente.

Tintura de cola de caballo: Esta tintura es ideal para pérdida de pesos y retenciones de líquidos en el cuerpo.

Tintura de Diente de León: Esta tintura sirve para mejorar la cirrosis hepática, para hepatitis e hígado graso. Es un depurativo.

Tintura de Alcachofa: Es depurativo por excelencia evita retención de líquidos.

Tintura de hinojo: Mejora efectivamente el estómago, es antiflatulento y mejora la digestión.

Tintura de pasiflora: es un relajante, ayuda a conciliar el sueño.

Tintura de gingseng: Es un restaurador del cuerpo, mejora las energías y aptitudes físicas.

Tintura de uva: Por excelencia se prepara con vino, sirve para el corazón y enfermedades de la sangre.

Tintura de ginkgo biloba: Es excelente para la memoria y desbloque arterias cerebrales dañadas.

Tintura de uña de gato: mejora enfermedades terminales, le da energía a los ancianos.

Tintura de Ortiga: Mejora la prostatitis.

Tintura de Moringa: es la hierba de la salud, ayuda a mejorar problemas de la piel, del hígado, preventivo del cáncer por contener alto contenido de niazimicina supresor de células cacerinas, fortalece el sistema cardiovascular.

Viagra Natural en tintura: para preparar esta tintura que restaura la erección en los hombres se debe licuar dos ojos de ganado, una copita de sangre de jicotea y vino de buena calidad, se debe preservar refrigerado, para su efecto se debe tomar una copita por treinta días.

Capítulo 14
Pocimas, Infusiones Y Brebajes

La infusión es una bebida, que se obtiene de agregar frutos o hierbas aromáticas en agua caliente, sin dejarla hervir, su sabor es agradable al gusto, podemos decir que Pócima e infusión es lo mismo, en la antigüedad se le decía pócima a los preparados con hierbas aromáticas para obtener una cura o un beneficio espiritual. Por otro lado el brebaje es una bebida de sabor muy desagradable, el termino brebaje proviene de la palabra francesa "breuvage", la cual a su vez procede del verbo latino "bibere", que es sinónimo de "beber", muy semejante al termino de poción que se deriva del latino "potio", procedente de potăre y significa "beber". Se puede decir que los tres términos son análogos.

El uso de pócimas, infusiones o brebaje se hace para obtener una respuesta positiva o negativa del cuerpo humano afectando sus energías espirituales para lograr un cometido, con la conciencia de que se debe evitar el karma (energía trascendente que se deriva de los actos negativos de acuerdo con las leyes del karma).

Debemos anular el karma cuando realizamos obras contrarias a la naturaleza humana ya que su secuela trae algunas consecuencias en quien realizo la obra, estamos hablando de los encantamientos para abortar, causar muerte o enfermedad en una persona, en este punto dejare claro que la energía que emana del creador es bidireccional; si yo activo mi campo espiritual para sanar y lograr el restablecimiento de una persona, el creador me enviara lo que yo pedí "Sanación", si yo por el contrario hago una Rituales para enfermar a una persona, esa obra tendrá efecto en el destinatario de la obra y sobre mi persona, por ello hay que tomar previsiones para que lo negativo no tenga el efecto bumerang sino que afecte solo a quien se vaya a perjudicar.

Dejare un capítulo destinado a obras para contrarrestar las consecuencias de las obras destructivas.

Pócima para lograr la pasión de un hombre:

Una particularidad que tienen las pócimas, infusiones o brebajes es que deben ser administrada solo por vía oral al destinatario que se va a hechizar, es diferente a un hechizo que se hace a distancia y sin la presencia del quien lo recibe. Su efecto es desde el momento que se suministra hasta las setenta y dos horas siguientes.

❖ Se debe preparar una infusión de la flor damiana (Turnera diffusa) y endulzarse con una cucharada de melaza, se le da de tomar al destinatario como un te común agregarle polvo de canela.

❖ Otra pócima muy efectiva en una taza agregar una copita de vino tinto, ramitas de canela, hojas de moringa se le agrega agua caliente y miel y se deja reposar. Esta pócima es para aumentar la pasión tanto en hombres como en mujeres.

❖ Una infusión de Guarana aumenta la pasión de manera inmediata, solo que tiene efecto momentáneo, no es un encantamiento que perdure en el tiempo.

❖ Te de la raíz de Jengibre con miel y nuez moscada. Es excelente afrodisiaco para aumentar el deseo sexual.

❖ Para atraer sexualmente a una persona sin involucrar el amor se le da de tomar una pócima con corteza de sauce y tila se endulza con melaza de caña.

Pócimas de amor:

- Para iniciar una relación con un hombre, se debe usar flor de Jamaica, siete ramitas de canela, una hoja de laurel y siete clavos de especie, se debe endulzar con miel.
- Para que una persona vuelva a sentir amor por otra se le debe dar una infusión preparada con siete hojas de albahaca blanca,

y siete hojas de verdolaga, debe ser endulzado con miel de abejas.

- Para que una persona indecisa se decida en el amor se debe preparar un té de la planta llamada ruda.
- Para crear el pensamiento constante de una persona se debe preparar una infusión de ortiga.

-

• Brebaje para no envejecer:

- Tomar por veintiún días un brebaje preparado con la flor de siempre viva y agua caliente.
- Para restaurar la lozanía en las mujeres se debe preparar, polvo de corazón de tortolita, la planta mil flores, y sauco.
- Para restaurar la juventud es recomendable tomar un brebaje de uña de gato con ajonjolí.

-

• Brebaje para restaurar órganos:

- Hasta la actualidad puedo garantizar que el único brebaje capaz de restaurar órganos dañados es el brebaje de noni, debe ser tomado a diario en ayuna por treinta días, se corta la fruta en trozos se reduce a una pasta y se le agrega agua caliente, la persona debe consumir todo el contenido, hasta la semilla de la fruta.

-

• Brebajes Abortivos:

- Brebaje de canela clavo de especie y orégano: es un abortivo natural peros solo funciona durante las primeras cuatro semanas de gestación. Se toma por siete días.
- Brebaje de Perejil, romero y hierba buena: se debe tomar una traza del brebaje antes de dormir, sin haber cenado.
- Otro abortivo muy fuerte es el de Anís verde, comino e hinojo, se toma interdiario por una semana.

-

- **Brebaje para enfermar a una persona:**
- Para quitar la salud con una sola toma se prepara solo tres hojas de la planta hortensia, debe ser muy precavida con su uso ya que posee toxinas venenosas.
- La planta llamada Alocasia contienen oxalatos de calcio insoluble, que causan llagas en la boca, lengua y estómago.
- Un brebaje de la planta Flor de pascua alcaloides, fenoles y resinas que toxicas que inmediatamente causa enfermedad en una persona.

Capítulo 15
Polvos Magicos

Los polvos mágicos se obtienen de triturar hierbas y otros componentes que de por si tienen propiedades extraordinarias, se usa para usar en rituales y hechizos tiene el poder de cambiar una realidad ya sea positiva o negativa, es tan poderoso que causar un daño a una persona, o manipular un colectivo.

Para la preparación de polvos mágicos necesitaremos dos piedras solidas una grande que parezca una batea y la otra del tamaño de nuestra mano que nos sirva como morteros para triturar los materiales.

Es indispensable que los materiales que vayamos a pulverizar estén deshidratados o secos se puede colocar varios días al sol o simplemente se meten varios minutos al horno para evaporar sus líquidos y no pierdan sus propiedades.

Polvo para alejar la Muerte

Componentes a utilizar:

- ❖ Fruto de Quimbombó (*algalia o ñaju*) deshidratado
- ❖ Harina de maíz pre-cocida
- ❖ Tres gotas de aceite de corojo

Se tritura primero el quimbombó y luego se mezcla con la harina hasta obtener un polvo, se debe garantizar que no quede pastoso, por ello se le agregara solo tres gotas de aceite de corojo.

Se esparce en las puertas de la casa o lugar donde pernota una persona, si la persona está enferma y al esparcir el polvo canta un gallo debe hacerse más obras, porque indica que ya la muerte está allí.

Polvo de Cascarilla

Componentes a utilizar:

- ❖ Para preparar el polvo de cascarilla se debe pulverizar tomillo, ruda, y hierba santa

- ❖ Se toma diez cascaras de huevo se lavan bien y se colocan al sol por tres días, luego se pulverizan todos los componentes en el mortero, para mantener la cascarilla se vuelve pasta agregándole agua lunar y se coloca en un recipiente hasta que quede sólida como una tiza su uso es infinito, tiene el poder de alejar espíritus malignos y para volverla polvo solo se desintegra con las manos, también se usa para limpieza espiritual.

Polvos mágicos para superar el odio y el resentimiento

Componentes a utilizar:

* *Cenizas de tabaco*
* *Nuez moscada*
* *Tomillo deshidratado*
* *Carbón vegetal*
* *Canela en rama*

Una vez pulverizado todos los elementos se extiende por donde vayan a caminar las personas confrontadas o a los pies de ellos.

Polvo de separación

Componentes a utilizar:

* *Ajíes chiles deshidratado*
* *Sal negra*
* *Azufre*
* *Hierba de dormidera deshidratado*

Este polvo se activa y se desactiva, una vez preparado se guarda en un saquito pero debe limpiarse el mortero las manos y el espacio donde se preparó lavando con agua florida, agua de rio y agua lunar. Eso es para desactivar su efecto, al momento de usarla sobre las personas que se desea separar se dice "Con el poder que me fue concedido en este plano espiritual le otorgo facultades a este polvo mágico para separar a ... y a ..."

Polvo para buenas vibraciones Espirituales

Componentes a utilizar:

* Jazmín deshidratado
* Incienso
* Sándalo
* Mirra
* Estoraque

Este polvo es ideal para las meditaciones o antes de hacer un ritual se esparce su contenido en los alrededores.

Polvo para alejar a una persona no deseada

Componentes a utilizar:

- ❖ Carbón vegetal
- ❖ Tierra de cuatro caminos
- ❖ Raspadura de pierde rumbo
- ❖ Sal en grano
- ❖ Tres gotas de creosota

Este polvo debe desactivarse y activarse cuando se vaya a usar, según lo aprendido.

Polvo para lograr la felicidad

Componentes a utilizar:

- ❖ *Brotes de magnolia deshidratado*
- ❖ *Cáscaras de naranja*
- ❖ *Aceite de Vainilla tres gotas*

Espolvorear en las cuatro esquinas de tu casa.

Polvo para activar la Inteligencia o el Ingenio

Componentes a utilizar:

- ❖ Lirio
- ❖ Jacinto
- ❖ Pino
- ❖ Clavo de olor

Este polvo se sopla sobre sí mismo o la persona que se desee se le abra el ingenio.

Polvos para lograr la Concentración

Componentes a utilizar:

* Raíz de lirio
* Hierba dulce
* Toronjil
* Albahaca
* stevia

Para que una persona obtenga concentración y se enfoque en un cometido se le debe soplar este polvo.

Polvo para la Protección y Bendición Espiritual

Componentes a utilizar:

* Mirra
* Estoraque
* Incienso
* Hojas de Eucalipto
* Azúcar morena

Este polvo preferiblemente debe esparcirse los días viernes, o cuando una persona necesite protección en combinación con un símbolo de protección su efecto sería poderoso.

Polvo para anular fuerzas malignas

Componentes a utilizar:

* Pluma de gallo quemada
* Pimienta negra
* Salvia
* Raspadura de espuela de Gallo
* Pólvora negra
* Ojos de pescado (se tuestan en un sartén hasta quemarlos y poder hacerlo polvo)

Se esparce en toda la casa por tres días y luego se limpia con un riego de flores.

Polvos para ganar un juicio

Componentes a utilizar:

- Se raya ñame y se tuesta en un sartén con la lengua de un gallo, 21 pimientas guineas y cascarilla.
- Se esparce a la entrada del juzgado, para ganar el juicio.

Polvo para el amor

- Componentes a utilizar:
- Pétalos de Rosa
- Hojas de Mil flores
- Incienso
- Canela
- Tres gotas de miel

Se esparcirá a los pies de la persona que se desea enamorar

Otro para el amor

Componentes a utilizar:

- Dos corazones de golondrinas o tortolitas
- Miel
- Cristales de estoraque

A diferencia de los otros polvos este se debe usar haciendo un símbolo de amor en el ombligo de una persona que desee atraer a otra.

Para dejar ir a una persona y olvidarla

Componentes a utilizar:

- Pétalos de rosa blanca pulverizados
- Hojas de menta
- Pino

Debe colocar el polvo debajo de la almohada en un saco durante la noche.

Polvos para descubrir a un ladrón

Componentes a utilizar:

- Cenizas de Cigarro
- Pluma de una guinea carbonizada
- Vetiver

Este polvo no determina quién es el ladrón solo se esparce sobre un sospechoso que de ser el ladrón entrara en ataque de pánico.

Para descubrir la mentira

Componentes a utilizar:

- Menta
- Semilla de Durazno
- Nuez moscada
- Salvia

Se debe usar sobre la persona que se desee conocer la verdad

Polvo de Venus para el amor

Para hacerte más atractiva para un amante potencial y atraer a un amante, espolvorear estos polvos mágicos en ti misma, o frotar como una crema o loción.

Componentes a utilizar:

- Pétalos de cinco rosa roja
- Flores de Botón de oro
- Pétalos de girasol
- Azúcar morena
- 5 Pimienta Guinea

- 5 Gotas de Miel de Inglaterra
- polvo de oro

Este polvo es un atrayente, para verse más atractivas se puede usar esparcido en el cuerpo o en una crema.

Polvo de versatilidad

Componentes a utilizar:

- Ron
- Flor de durazno o duraznillo
- Lila
- Canela

Para lograr ser eficiente, creativo y aumentar tu potencial de éxito.

Para librarse de malos augurios

Componentes a utilizar:

- Sal en grano
- Pluma de una gallina pulverizada
- Verdolaga deshidratada

Esparcir en las cuatro esquinas de la casa.

Polvo para limpieza de las energías del hogar o un negocio

Componentes a utilizar:

- 5 palitos de canela
- 7 clavo de olor
- 1 cáscara de naranja deshidratada
- 1 trozo de jengibre deshidratado
- Romero
- Hierba buena
- Flores de cayena deshidratada

Estos polvos se pueden arrojar sobre la casa o simplemente agregar al agua para lavar negocios o la casa.

Polvos mágicos para la salud

Componentes a utilizar:

- Planta prodigiosa, también conocida como colombiana
- Cascarilla
- Hojas de Guanábana
- Semilla de la planta ceso vegetal

Se pulverizan todos los elementos y se coloca en el centro de la cabeza de la persona enferma se tapa con una pañoleta blanca, para restaurar la salud de manera inmediata.

Capítulo 16
ELABORACION DE VELAS MAGICAS

Las velas se impregnan de magia cuando le otorgamos ese poder a través de conjuros o cuando la elaboramos con elementos espirituales que transmutan sus cualidades a un componente mágico, la importancia de las velas en el mundo mágico data de tiempos ancestrales, es importante tanto en los rituales como en cualquier actividad espiritual, su significado es transmitir luz y florecer energías positivas, es una guía en la oscuridad. Una simple vela conjurada tiene el poder de cambiar una realidad o transformar las cosas a nuestro favor.

Debemos tener claro, es que el color de las velas, no tiene importancia para los entes invocados, el color de las velas solo influye en nosotros y el tipo de energía que irradiamos según su color. Las entidades, espíritus y muertos solo les importan la luz que emana de ellas.

CONJURO PARA VELAS

El conjuro a una vela es más importante que la vela misma, la efectividad está en transmitirle el poder de cambiar una situación, por eso el conjuro debe estar orientado a lo que se quiera obtener sin ambigüedad.

"Yo (nombre del conjurante), en esta hora y en este momento, pido a mi Yo superior la protección de tu armadura, para que me asista para aperturar un halo espiritual otorgándole a esta vela el dominio espiritual para lograr (se relata la pretensión clara y concisa), con este conjuro anulo, ato y destruyo las intenciones contrarias a este ritual, que si hombre o mujer, espíritus quieran dañarme invoco tres veces a Dominus Deo y de inmediato cesara toda intención, con el poder otorgado a esta vela creo un campo espiritual de protección y de luz en este lugar"

Así sea, así sea, así sea.

Proceso de Fabricación de Velas Mágicas

Ingredientes para la Base inicial:

- Pábilo con lo que se hará la mecha de la vela (Hilo de bramante)
- Sal común
- 300 gramos de Bórax
- Parafina (base para hacer velas)
- Estearina (aditivo compuesto de ácido esteárico y glicerina para hacer velas)
- 10 ml colorante líquido vegetal
- Molde para velas (personalmente utilizo lo que ya poseo, tazas, latas de enlatados, vasos y le agrego oleatos para que puedan desprenderse)

Proceso:

Para elaborar las mechas, se debe hervir en agua 300 gramos de bórax y sal cuando hierva el agua, sumergir el pabilo ya cortado un centímetro más alto que la vela que se va a elaborar. Se retira y se deja secar mínimo seis horas. Después de ese tiempo debe encerarse con esterlina derretida debe estar completamente seca para elaborar la vela.

Para elaborar la vela, se derrite la parafina junto con la esterlina en una olla pequeña, una vez que estén fusionados los elementos se apaga el fuego y se deja reposar tres minutos que baje la temperatura, es en ese momento cuando se le va a agregar colorantes, plantas mágicas, oleatos, polvos u otro elemento que le otorgue cualidades mágicas. Se revuelve y se fija con un palito de naranjo la mecha en el centro del monde y verter el contenido, se debe dejar enfriar por lo menos 12 horas para desmontarla

Velas para lograr la paz mental

Se compone la base inicial y en el enfriado se agrega 10 mililitros de oleato de mandarina, canela, hojas de la planta melisa (toronjil), hojas de valeriana el color predilecto para lograr un ambiente de paz mental es la blanca por lo tanto no se le colocara ningún colorante.

Velas para sentirse Seguro y Protegido

Esta vela no solo nos protege de acontecimientos espirituales también nos brinda la seguridad de estar bien, se compone la base inicial y agrega 10 gotas de oleato de malojillo (citronela), canela, hojas de peonia y colorante morado.

Velas para conectarse con el mundo espiritual

Funciona para lectura de tarot o prácticas de cualquier mancia, se le agrega a la base inicial hojas de té, vainilla, raíz de diente de león, ralladura del tallo de regaliz y anís de estrella, y colorante verde.

Velas para rituales mágicos orientados a las energías positivas

Base inicial, planta de salvia, planta artemisa, agua de luna llena, hojas de la planta estragón, oleato de clavos de especies, semillas de anís, se puede pintar de cualquier color.

Velas para rituales mágicos orientados a las energías Negativas

Aunque muchos hablan de magia negra, la práctica que haremos con esta vela es para lograr un cambios negativos en la vida de una persona, usaremos es con la base inicial, se le agregara, sal negra 20 gramos, tres gotas de azogue (mercurio), 5 gramos de azufre, y flores de acónito y colorante negro.

Velas para meterse en el pensamiento de una persona

Base inicial, agregar colorante azul, 10 mililitros de agua florida, conchas de pomelo, y azúcar morena, colorante azul.

Velas en contra de las maldiciones

Base inicial, hojas de bledo blanco, planta quita maldiciones (Guilandina bonduc), agua lunar, la vela debe ser blanca, aceite de pino, colorante amarillo o morado.

Velas para petición

Se prepara la base inicial, se le agrega cascara sagrada, sándalo y trozos de piñón y Agua bendita (No bendecida por la iglesia católica sino por los muertos ancestrales, se prepara invocando un vaso con agua a los muertos ancestrales pidiendo su protección, se les enciende una vela y se les deja tres días, después de ese tiempo es agua bendecida por los muertos) la vela debe ser blanca.

Velas para agradecimiento

Para encender una vela y agradecer, a alguna entidad espiritual se prepara la vela con la base inicial y se le agrega caléndula, te negro, extracto de hibisco (cayena) y canela pulverizada colorante morado.

Velas dedicadas a entes espirituales

Debemos agregar a la base inicial, oleato de sándalo tres gotas de agua lunar, cascarillas, hierba santa, pétalos de nardos (planta excelentes para la conexión espiritual), sin colorante.

Velas exclusivas para rituales de amor

El colorante con el cual vamos a pintar nuestra base es el rojo, ya que automáticamente relacionamos este color con el amor y por ello hará que las energías que fluyan al momento de prepararlas sean muy positivas también utilizaremos flores de jazmín, oleato de rosa, oleato de canela, hojas albahaca morada, pétalos de flores, tres gotas de miel de amor siete clavitos de especies, colorante rojo o rosado.

Vela para atraer dinero

A la base inicial agregaremos, semillas de ahuyama (calabaza o zapallo), semillas de ajonjolí, capullos de botón de oro, canela, oleato de citronela y vainilla, hojitas de ruda, se debe agregar colorante amarillo.

Capítulo 17
Inciensos Y Sahumerios
Incienso

La palabra incienso proviene del latín *"incensum"*, significa encender. Es una preparación que se hace en base resinas vegetales y aceites aromáticos, su uso es para fomentar las buenas energías y conectarse a un estado mental equilibrado.

Preparación de Inciensos

Su preparación es muy simple y cualquiera puede realizarlo, aquí hay una manera más simple de preparar nuestros propios inciensos a nuestra conveniencia.

Utilizaremos:

❖ C.M.C (CarboxiMetilCelulosa)es un aglutinante, o en su defecto un estabilizante 'que se consigue en tiendas de repostería

❖ Carbón vegetal

❖ Polvo de madera,

❖ aceite esencial.

Vamos a mezclar todo los elementos utilizando una paleta de madera hasta formar una masa, la forma en la cual le daremos forma es a gusto de cada aprendiz.

Se puede elaborar Incienso de vara, se necesita para su elaboración palitos de madera para forrarlo con nuestro preparado, también podemos simplemente elaborar conos de inciensos.

Sahumerios

El termino sahumerio proviene de la raíz latina el prefijo "sub" que indica "debajo", el verbo "fumare" que significa "humear" o "echar humo" y el sufijo de acción y efecto "io", es aquello que se quema con la intención de producir humos aromáticos su uso realmente es para ajustar las energías del espacio de trabajo o vivienda, tiene el poder de ahuyentar los malos espíritus y es protector de cada puerta y ventana.

Los sahumerios usualmente se usan para, Proyecciones astrales, meditaciones, para iniciar y finalizar un ritual, y limpieza del hogar.

Sahumerio recomendado para Realizar Rituales
Sahumerio de Ramilletes

- Utilizaremos:
- Una espiga de Eucalipto
- Una ramita de Pino
- Un trozo de Mecate
- Una rama de romero
- Una vara de vainilla
-

Se amarran todas las ramas haciendo un ramillete y se dejan secar, se utilizara cada vez que se inicie y finalice un ritual.

También se puede realizar sahumerio en un Incensario, se coloca flores secas o deshidratadas, citronela y toronjil y es excelente para atraer la felicidad.

Capítulo 18
Conjuros

El conjuro es la comunicación que tenemos con el yo superior para que trasmita de manera inmediata el mensaje a la entidad que necesitamos nos asista al momento de hacer una obra espiritual, no son simples palabras, ni rezos, son invocaciones que permiten enviar un mensaje y crear un halo de magia alrededor del trabajo que vayamos a realizar, es importante ya que el éxito de nuestra magia depende en gran parte de los conjuros. Un conjuro se diferencia de una oración por que al inicio quien lo invoca, debe darse a conocer y la autoridad espiritual que lo embiste, se debe nombrar con qué fin se hace tal invocación y que se pretende lograr, un conjuro es autoritario, no es un ruego; prácticamente se ordena el cumplimiento de lo solicitado en cambio, los rezos y oraciones son ruegos y peticiones.

Antes de realizar una obra sea cual sea su naturaleza se debe usar conjuros esta es el arma de todo brujo, igualmente no es necesario seguir al pie de la letra lo recitado, cada ser puede adaptar sus conjuros a sus necesidades respetando siempre el objetivo que se desea obtener.

<u>Conjuro Para Iniciar Obras Espirituales</u>

Yo........., en esta hora y en este momento, pido a mi Yo superior la protección de tu armadura, para que me asista para aperturar un halo espiritual en torno a esta obra que voy a realizar (de protección, de polvos mágicos, de prosperidad, de unión, de separación..etc) por la autoridad natural que me embiste de utilizar mis poderes espirituales bajo mi propio albedrio, ese poder lo conjuro en esta hora para que mis palabras sean activadoras de todas las energías ancestrales que rodean nuestro entorno y materialice esta obra que estoy realizando.

"Invoco custodes omnes duces praeter id quod actu spiritali apostolicae me ad consequi mea lumina specie magiae ipsa, rogatus caput it letters to consequor".

ASÍ SEA, ASÍ SEA, ASÍ SEA, que se cumpla.

Conjuros Para Cerrar Un Trabajo Espiritual

Yo........., en esta hora y en este momento, pido a mi Yo superior la protección de tu armadura, para que me asista, para sellar esta obra espiritual, pido que cada elemento que se conjuró aquí sea capaz de producir el cambio y su magia perdure en el tiempo, con este conjuro, sello, unifico y protejo esta Rituales

"Quod ita sit, ponatur ut signaculum hoc opus espititual spargant in paterna spirituum ad gere curam mei finis"

ASÍ SEA, ASÍ SEA, ASÍ SEA, que se cumpla.

<u>Conjuro De Protección</u>

Yo........., en esta hora y en este momento, pido a mi Yo superior la protección de tu armadura, para que me asista para crear un halo espiritual de protección a............,) por la autoridad natural que me embiste de utilizar mis poderes espirituales bajo mi propio albedrio, conjuro para que ni su cuerpo ni su espíritu sea tocado por ningún ser viviente, ni entidad espiritual, que si algún arma sea empuñada para dañarlo (a) la sangre que corra sea la sangre del enemigo, porque a partir de estas palabras ningún arma, podrá tocar el cuerpo de (....) con este conjuro rompo brujería, hechicería, magia, malos pensamientos y envidias que provengan del enemigo ya sea espiritista palero o santero, porque mi poder es superior a cualquier ser dañino. Abro las puertas espirituales de los espíritus protectores para que rodeen a......, y su magia nunca lo abandonen, que su cuerpo no sea tocado, que su sangre no sea derramada, que sus caminos no sean cerrados, que su vida sea resguardada.

"hostium sanguine manet mortuus est inimicus animam defuncti integra sit et integer hoste spirituali"

ASÍ SEA, ASÍ SEA, ASÍ SEA, que se cumpla.

<u>Conjuros De Sanación</u>

Yo........., en esta hora y en este momento, pido a mi Yo superior la protección de tu armadura, para que me asista para crear un halo espiritual de protección a............,) por la autoridad natural que me embiste de utilizar mis poderes espirituales bajo mi propio albedrio, con este conjuro sano el cuerpo y el alma de ..... Fulano de tal "salute corpore tuo, animam tuam, et animam tuam", "salute corpore tuo, animam tuam, et animam tuam", "salute corpore tuo, animam tuam, et animam tuam"

Invoco a cada fibra sanadora de tu ser que sea activada para restaurar todo lo que está dañado en tu cuerpo, reactivo tus energías tres veces diré, lázaro levántate y anda, lázaro levántate. Lázaro levántate, para que la enfermedad y la muerte se vayan y retorne la salud en tu cuerpo y en tu mente.

Con este conjuro libro a esta criatura de enfermedad, de accidentes, heridas, daños espirituales y derramamientos de sangre. Así sea.

"Surgere et ambulare lazaro, Surgere et ambulare lazaro, Surgere et ambulare lazaro"

Así sea, así sea, así sea, que se cumpla.

Conjuro Para Alejar Espíritus Malignos

Yo........., en esta hora y en este momento, pido a mi Yo superior la protección de tu armadura, para que me asista por la autoridad natural que me embiste de utilizar mis poderes espirituales bajo mi propio albedrio, Ordeno y conjuro los seres infernales presentes que abandonen esta casa y libre de su tormento a ...., en el nombre de Cristo vivo y reencarnado, por los tres clavos que clavaron a cristo, por la cruz en que fue crucificado, anulo y revoco todo pacto maligno que se haya hecho para traer a estos seres perturbados, espíritus maligno yo te ordeno que regreses al lugar de donde saliste sin infrigir daño alguno a..... Por la autoridad que tengo por ser hija de dios, te obligo a que regreses a tu pestilente hueco, te lo ordeno por la espada de san Miguel, por los tres clavos con que clavaron a cristo y por la sangre inmolada de Jesús.

ASÍ SEA, ASÍ SEA, ASÍ SEA, que se cumpla.

Conjuro Para Traer La Paz Y Serenidad En El Hogar

Yo........., en esta hora y en este momento, pido a mi YO SUPERIOR la protección de tu armadura, para que me asista por la autoridad natural que me embiste de utilizar mis poderes espirituales bajo mi propio albedrio, INVOCO a los cuatro puntos cardinales a las fuerza de los elementos para que limpien mi hogar, invoco y conjuro a cada cimientos sobre los que reposan mi hogar para que creen una barrera protectora y no dejen entrar ningún fenómeno perturbador, atraigo a mi hogar la tranquilidad y sosiego, cualquier intención maligna de personas o espíritus sean anuladas y su poder no perturbe a los que vivimos en este hogar, desde esta hora consolido el espíritu de la Paz y la tranquilidad, que su poder destruya cualquier sobra de oscuridad.

"Tui gratia Iovis gratia sit cura."

ASÍ SEA, ASÍ SEA, ASÍ SEA, que se cumpla

Conjuro Para Atraer El Amor

Yo........., en esta hora y en este momento, pido a mi YO SUPERIOR la protección de tu armadura, para que me asista por la autoridad natural que me embiste de utilizar mis poderes espirituales bajo mi propio albedrio.

Quod septentrio, meridies, occidens et orientis Invocabo paterna viribus ad attrahunt (NOMBRE DE LA PERSONA) donum quinque sensuum, natura spiritus in primo, in die baptizatus est ipse, et omnes sensus pertinent, non potest ambulare, somnum non manducare nisi tu proximus mihi es meae cogitationes tuae, quae mihi basiationes tuae tua, tactu tuo diebus usque ad consummationem saeculi.

ASÍ SEA, ASÍ SEA, ASÍ SEA, que se cumpla

Conjuro Para Deshacer Hechizos Y Anular Brujeria

Yo........., en esta hora y en este momento, pido a mi YO SUPERIOR la protección de tu armadura, para que me asista por la autoridad natural que me embiste de utilizar mis poderes espirituales bajo mi propio albedrio, con este conjuro volteo las intenciones malignas que me afecten, sea hombre o mujer todo acto de brujería, hechicería o malos pensamientos sean virados en su contra, con mi autoridad destruyo toda fuerza oscura que se haya levantado para destruirme, con este conjuro no pido que mi enemigo se humille, obligo a que su propia brujería se les devuelva y los destruya, que el daño que quisieron infligirme se les devuelva tres veces.

"Intecciones malis corrumpetur, Vos autem de spiritali planum auferuntur"

Así Sea, Así Sea, Así Sea, que se cumpla

Capítulo 19
Rituales

Hay unas reglas básicas general que todo arúspice debe conocer en el proceso de elaboración de alguna obra espiritual y es que debe poseer un espacio sagrado destinado para ello, en adelante llamemos "Rituales" a todo conjuro o hechizo o brujería que vallamos a elaborar.

Tal cual como un pintor que prepara su lienzo limpio y perfecto y todos los materiales que utilizara para plasmar sus ideas sobre el lienzo, así mismo es el trabajo que aurúspice debe preparar su templo espiritual, acondicionar el espacio adecuado para que sirva de receptáculo entre las manos que elaboran la obra y el hechizo que se va a conjurar. Aquí todo influye, el manejo de energía espiritual es vital para lograr la efectividad. Tampoco es recomendable confiar en preparados mágicos o pre-embotellado, aprenderemos como preparar cada uno de los elementos sus bases activas, propiedades, todos obtenidos de la naturaleza, usaremos materiales orgánicos, semillas, flores naturales, piedras, hierbas, minerales y muchos otros.

Para lograr una efectividad en nuestras obras espirituales y que dure en el tiempo aprenderemos a preparar Polvos mágicos, Oleatos, Inciensos y Sahumerios, pomadas, vinos medicinales y a conjurarlos. Los espiritistas usan rezos nosotros usaremos conjuros.

Rituales Y Encantamientos
Sortilegio de Amor

Este encantamiento es de efecto rápido, se realiza para crear desesperación en una persona que se desee atraer, sus efectos comienzan a ser palpables después de las 72 horas.

Materiales a utilizar:

- *9 velas rojas*
- *2 hisopos*
- *polvo de oro y plata*
- *tela roja de 20 x 20 cts.*
- *Perfume personal*
- *miel de amor*
- *Canela*
- *Hilo de plata*
- *Papel de Aluminio*
- *2 hojas de la planta azafrán*
-

Los hisopos deben frotarse por el cuerpo impregnándolos con los fluidos corporales de la persona que está haciendo el encantamiento, en un trozo de papel aluminio se coloca los dos nombres de las personas que se van a unir y dentro del papel se enrolla las dos hojas de azafrán, se le coloca el perfume miel de amor y la canela, se cubre con la tela roja que debe amarrarse con el hilo plateado. Luego con tres velas rojas se hace un triángulo, en el centro se coloca este hechizo pidiendo por la unión de estas dos personas se hace por tres días para obtener los efectos deseados.

Amarres de Amor Con Rosas Rojas
Para la Reconciliación

Las rosas en su estado natural nos traen sentimientos de belleza, reminiscencias, amor, reconciliación, florece el sentimiento más bello que hay en una persona, por ello son excelentes para hacer hechizos de reconciliación, es muy efectivo y crea sensaciones reales al unir una pareja.

Conjuro que se usara cada vez que se haga unas obras de amor:

Yo........., en esta hora y en este momento, pido a mi YO SUPERIOR la protección de tu armadura, para que me asista por la autoridad natural que me embiste de utilizar mis poderes espirituales bajo mi propio albedrio.

Quod septentrio, meridies, occidens et orientis Invocabo paterna viribus ad attrahunt (NOMBRE DE LA PERSONA) donum quinque sensuum, natura spiritus in primo, in die baptizatus est ipse, et omnes sensus pertinent, non potest ambulare, somnum non manducare nisi tu proximus mihi es meae cogitationes tuae, quae mihi basiationes tuae tua, tactu tuo diebus usque ad consummationem saeculi.

Así Sea, Así Sea, Así Sea, que se cumpla

Materiales a utilizar:

- *Una rosa roja*
- *Papel Pergamino*
- *30 cts. de cinta roja*
- *Florero de Vidrio*
- *Miel de Amor*
- *Almizcle en polvo*
- *Siete clavos de especies*
- *Canela en polvo*
- *Semillas de la hierbas de cundiamor*

Una rosa roja con tallo, escribiremos en papel pergamino los nombres de las personas y las pretensiones que se desea obtener con el hechizo, se ata con una cinta roja en el tallo que quede muy firme, en un envase de vidrio preparar agua, miel de amor, almizcle en polvo, siete clavos de especies, canela en polvo y semillas de cundiamor. Se enciende una vela roja impregnada con el líquido de la botella se besa la vela y se pide de corazón que haya reconciliación, paz y amor.

Endulzamiento para lograr Ayuda económica de una pareja

Este encantamiento es para atraer el amor de la persona que amamos esta vez con el beneficio de la ayuda económica, ya que los tiempos se han puesto difíciles, acá les dejo esta obra muy fácil de elaborar

Materiales a utilizar:

- Un embace de vidrio boca ancha
- 10 velas rojas
- 5 monedas con bordes dorados
- Extracto de rosas,
- Extracto de clavos de especie
- Extracto de canela
- *Extracto de menta*
- *Miel de amor*
- *un saquito rojo*
- *cinco ramas de canela*

- *cinco clavos de especias*
- *hilo rojo*

Elaboración:

Se coloca en cada moneda dentro del bol, se escribe en un trozo de papel pergamino el nombre de la persona que se va a encantar, se coloca la canela dentro del papel y se envuelve sujetándolo con hilo rojo la canela debe de tapar el nombre.

Los nombres envuelto en la canela se colocan encima de las monedas que están dentro del embace se impregnan con todos los extractos y se agregan los clavos de especies por último se encienden dos velas

Este conjuro es por 5 días, cada día se debe conjurar y encender dos velas.

Como alejar a un (una) amante

Para librarnos de la pesadilla que destruye nuestra relación este es hechizo muy sencillo pero debe elaborarse bajo la influencia de la luna menguante, por sus poderes para extinguir el deseo más ardiente que pueda tener una persona lo que vamos a necesitar para nuestro hechizo es lo siguiente:

- Un frasco de vidrio
- Azufre
- Sal en grano
- Carbón
- Tres hojillas
- Seis alfileres con cabeza negra
- Amargo de angostura
- Tres granos de pimienta guinea.
- Hiel de un pollo.
- El nombre de ambos escrito en un papel separado.

- Un tabaco.

Se toman los nombres uno a la vez y se le clavan tres alfileres a cada nombre mientras se pronuncia el siguiente conjuro:

"accerso alius sententia ut mihi, phasmatis de interregno ego dico, solvo meus mens mei, ego dico phasmatis audite meus placitum meus mens quod iacio (nombre de las dos personas que se va a separar)"

Luego en el frasco de vidrio se colocan todos los elementos cuidando que primero se debe introducir los nombres con los alfileres, por cada cosa que se vayan agregando se dice: azufre: con este azufre mato el amor y la pasión entre xxx y xxx; sal con esta sal, quito toda la dulzura y sentimientos entre xxx y xxx. Carbón, con este carbón obscurezco la relación de xxxx con xxxx, hojillas; con estas hojillas corto todo lazo entre xxx y xxx; amargo de angostura; con este amargo la relación de xxx con xxx; pimienta guinea; con estos granos creo discordias, odio y rencor entre xxx y xxx. hiel de pollo, con esta hiel hago que xxx y xxxx, no puedan ni mirarse a la cara, tabaco, debe desboronares dentro del frasco, con este tabaco sello el pacto para que xxx y xxx, no puedan tener ninguna relación.

Este hechizo debe realizarse bajo la influencia de la luna menguante, se deja en la intemperie a sol y a sombras el ultimo día que culmine la fase lunar el frasco debe ser enterrado en tierras áridas donde no crezca ningún árbol.

Hechizo para aumentar la pasión en una relación

Este hechizo es efectivo y rápido, y muy económico ya que no se necesita muchos materiales, el objetivo de este hechizo es que aumente la pasión y el deseo sexual en la pareja para ello necesitas:

- un frasco de vidrio vació.
- 1 vela roja
- 7 ajíes picantes
- 250 ml. de miel pura.
- 7 semillas de mostaza.
- 7 clavitos de especies.
- 7 cruces de la planta llamada crucetas.

Se colocar el nombre de la pareja en un trozo de papel cinco veces el del hombre y cinco veces de la mujer de esta manera.

Los nombres se dejan al fondo del frasco de vidrio se agregan los ajíes, la miel pura. Las semillas de mostaza, los clavitos de especies y Las cruces de la planta llamada crucetas.

Para elaborar este hechizo, se coloca dentro del frasco de los ajíes que previamente se abren, se coloca el nombre dentro del frasco y los materiales la miel debe tapar todo los ajíes.

Se enciende la vela y se pronuncia el siguiente conjuro.

"fulano de tal con este hechizo ato tu miembro, tu pasión, tus besos tus caricias son todas para mí que me llamo...."

Amarre de amor para el mismo sexo

Uno de los encantamientos más controversiales y difícil de elaborar son los amarres de amor para el mismo sexo, especialmente cuando una de las parte es heterosexual y la otra parte quiere despertar sentimientos amorosos en contra de sus deseos, después de haber elaborado la obra debe hacérsele seguimiento a la efectividad para saber si está completo.

Utilizaremos:

- *Un envase de vidrio de boca ancha y sello hermético*

- *Planta de embeleso deshidratada*
- *Varas de Vainilla*
- *Jengibre deshidratado*
- *Canela en Rama*
- *Una luciérnaga la cual carbonizaremos para pulverizar.*
- *Un pedazo de tela roja*
- *21 pimientas guineas*
- *7 clavos de especies.*
- *7 Pimienta blancas*
- *Melaza de caña*
- *Capullo de cundiamor tenga las semillas rojas*
- *Oleato de rosas*
- *Oleato de Mil flores*
- *Oleato de almizcle (se obtienen con el almizcle que se usa para repostería*
- *Miel de Inglaterra (se prepara hirviendo la miel de abeja con clavos de especies canela, anís estrellado y cardamomo)*
- *200 mililitros de Aceite para bebe.*
-

Se toman los materiales sólidos y se trituran en el mortero hasta lograr un polvo que se mezclara en el envase agregando los elementos líquidos, se debe dejar bajo la maceración envolviendo en la tela roja.

La tela roja se le debe pintar este símbolo

El proceso de maceración es de siete días después se impregnan las manos con este preparado y se debe tocar el cuello de la persona que se pretenda enamorar pronunciando mentalmente este conjuro.

"Ego uti magicis meis misceri elementis et dominus genuit mihi istos"

Sortilegio de amor

Antes de hacer un hechizo con orientado a las artes oscuras es necesario, que se reflexione con su yo interno y decidir si creen necesario hacerlo, ya que este tipo de magia es karmatica, trae consecuencias y para poder evadir estas consecuencias se realiza el sortilegio y la persona debe hacer tres limpiezas a su cuerpo para librarse del karma. Los materiales necesarios para llevar a cabo esta magia son:

- un espejo grande.
- el corazón de una golondrina debe pulverizarse, para ello se coloca en una sartén y se deja dorar al punto de que este carbonizado para luego volverlo polvo.
- una prenda de vestir de la persona a la cual se le va a realizar el sortilegio.
- tres velas negra.

- raíz de conquistador.
- tres monedas de cualquier denominación.
- una tiza roja.
- hilo negro.
- Una gota de sangre de quien realiza el hechizo.

Se pinta el símbolo en donde se va a realizar el hechizo, el espejo se coloca en la parte superior de manera vertical, la persona no puede mirarse en el espejo ya que este actúa como receptáculo de la fuerza espiritual que va a manejar el trabajo.

La prenda de vestir se tiende sobre el suelo frente al espejo antes debe pasarse por el cuerpo de la persona que está haciendo el hechizo para absorber el sudor, se pinta este símbolo con la tiza roja:

Dentro del círculo se coloca el nombre de las dos personas que se van a amarrar en un papel de pergamino, fuera del círculo se colocan tres monedas en forma de triángulo, y en cada punta de la estrella se coloca una gota de sangre se va esparciendo el polvo de corazón de golondrina pronunciando estas palabras:

"i nunc amit me te amare simul (nombre de la persona) quoque sicerit in me ex caritate."

Con las velas negras se hará un triángulo un vela donde está el corazón, otra en la punta del triángulo debajo de la estrella, y la ultima en la punta del triángulo debajo del rayo, cuando se hayan consumido los restos de ceras las monedas la raíz de conquistador se envuelve en la prenda y se le hacen siete nudos con el hilo negro, este hechizo debe ser enterrado al pie de un árbol frondoso.

Obra para librarse el karma

- Primer día: Prepararse un baño con tres frutas miel, agua florida y cascarilla, se debe bañar de la cabeza a los pies.
- Segundo día: prepararse un baño con pétalos de flores, cascarilla, miel y perfume.
- Tercer día: hervir siete monedas, canela, siete clavos de especies, siete hojas de laurel y bañarse. todos los desperdicios de estos baños deben botarse fuera de casa.

Poción de amor para enamorar

Para esta maravillosa poción de amor mágica necesitaras pocos materiales, una botella de vino tinto si es de corchos mejor porque mantienen la poción por mucho tiempo, una flor de jazmín la cual podemos secar al sol o simplemente colocándola en el microondas para reducirla a polvo, ralladura de nuez moscada, ralladura de la semilla de covadonga, ralladura de palo carbonero, tres hojitas de hierba buena. Debe realizarse en la influencia de la luna nueva.

Para la preparación solo abrimos nuestra botella de vino y agregamos todos estos ingredientes mágicos conjuramos la botella con una vela roja recitando este conjuro

"Diosa (se refiere a la luna) Concédeme lo que te pido y deseo, señora sagrada y divina, dedicándote este rito, pues confió en tu merced y en tu ayuda, oh, diosa de la luna. Ahora, pido a la tierra que recoja mi conjuro, al aire que viaje con él, al fuego que le dé su espíritu y al agua que lo llene de amor"

Que así sea y así se cumpla lo solicitado!

Le daremos de beber a nuestra pareja, una copa de esta posición mágica de amor y listo.

Como agregarle Magia a una relación

El estrés, la monotonía, los niños, los suegros, el trabajo..... Y pare de contar son la causa de que la magia en la relación se vaya desvaneciendo pero no debemos permitir que la relación se desintegre sin siquiera hacer el esfuerzo renovarla trayendo de vuelta la magia que una vez nos enamoró. Este encantamiento es especial para subsanar este tipo de situaciones

Utilizaremos:

- Tres Hojas De Laurel
- Tres Ranitas De Canela
- Tétalos De Una Rosa Príncipe Negro
- Un Cuarzo Rozado Previamente Desmagnetizado.
- Cinco Anzuelos De Pescas
- Un Saquito Rojo Donde Se Integraran Estos Elementos
- Polvo De Oro.
- El Nombre De Ambos Escrito En Un Solo Papel De Pergamino.
- Un Velón Rojo.
- Sal.

Este hechizo preferiblemente debe hacerse el segundo día de la fase lunar de luna nueva Novilunio, ya que esta luna es favorable para los procesos de transformación y renovación, en un envase de vidrio boca ancha se colocaran los elementos tratara de removeros todos teniendo especial cuidado de no pincharse con los anzuelos se dirá el siguiente conjuro.

"yo invoco, a todas las fuerzas supremas, a la diosa del amor, a las fuerzas ancestrales, a mis guías espirituales para purificar el vínculo entre (nombre de tu pareja) y yo, por el bien supremo,

Que así sea".

En un lugar preferiblemente donde entren los reflejos lunares se dibujara este símbolo y encima de esta se colocara el envase donde preparamos nuestro hechizo, encender en una de las puntas el velón rojo. Una vez que se consuma y que haya tenido suficiente influencia de la luna llena colocamos todos los ingredientes de nuestro hechizo en el saquito rojo, que colocaremos en nuestra almohada por 21 días y listo.

Como superar el desamor

la angustia incontrolable, la sensación de haberlo perdido para siempre, el llanto desmedido, la falta de apetito y en algunos casos la sensación de querer abandonar este mundo; son algunos de los sentimientos que nos arropan al momento de la ruptura de una relación amorosa, es importante que nos concienticemos que en algunas ocasiones es necesario cerrar ciclos en nuestra vida para poder avanzar, cuando en una relación hay que dejar partir a la persona aquí le muestro los pasos para realizar un hechizo que nos permita avanzar y dejar atrás ese sentimiento destructivo.

Utilizaremos los siguientes materiales

- *un caldero o una olla vieja*
- *alcohol etílico*
- *Algunas pertenencias de la persona.*
- *5 platos blancos*
- *Incienso*
- *Romero en ramitas*
- *Cristales de sal.*
- *Media cucharadita de azufre*
- *Papel pergamino*

Se trabajara en un superficie plana a la luz de la luna menguante, esta luna es ideal para cerrar ciclos, se coloca el caldero preferiblemente en el suelo y alrededor se coloca cada plato sobre los cuales deben, las pertenecías de la persona, el incienso, las ramas de romero, los cristales de sal y el azufre se debe tener mucha precaución con el alcohol, se verterá en la olla antes de comenzar, en un papel pergamino se escribe cinco veces el nombre de la persona, en este orden la olla con el alcohol, los platos alrededor de la olla y se enciende el alcohol que está en la olla. Primero se eleva una petición a la luna donde se pide que el cierre el circulo con esa persona, se arroja el papel pergamino y posteriormente el azufre en muy pequeña cantidad debido a que es inflamable, se vierte los cristales de sal y el romero, luego despidiéndose de esa mala relación se va arrojando las pertenencias de la persona con la cual se va a cerrar el ciclo

Aceite para atraer el amor

Este aceite de amor es ideal para uso diario, tendrá un efecto sobre el sexo opuesto, ya que uno de los ingredientes es la esencia misma de la persona que lo va a elaborar, es indicado para llamar la atención de la persona pretenda enamorar, su uso continuo ayuda a que la persona sea el centro de atención del sexo opuesto.

Necesitaremos:

- Un frasco de vidrio donde mantendremos nuestro aceite de amor,
- Aceite para bebe
- Polvo de oro
- Oleato de almizcle
- Oleato de rosas
- Raíz de Juan Conquistador
- Algas marinas deshidratadas
- Extractos de Mil flores

Se deben macerar todos los elementos alrededor de 21 días se colara para extraer el aceite y envasarlo se utilizara como perfume personal, este aceite mágico debe aplicarse en siete puntos específicos del cuerpo, detrás de cada oreja, en ambas muñecas, debajo del ombligo y en amos pliegues que separa el brazo del antebrazo.

Atrayendo a una persona

Este es un hechizo simple para atraer a aquella persona que nos gusta y que por alguna razón no se ha avanzado en concretar una relación, su influencia ejerce una poderosa atracción al sexo opuesto los elementos que necesitamos para su elaboración son los siguientes:

- *raíz de conquistador*

- *raíz de juan conquistador*
- *siete semillas de manzana*
- *una ramita de canela*
- *oleato de almizcle (para fortalecer el amor)*
- *una moneda de cobre*
- *colonia exquisita.*

En un embace de vidrio se deben agregar estos elementos la raíz se coloca intacta como la compro sin córtala, este embace debe colocar de manera que los reflejos de luna llena le lleguen por un lapso de tres días y esta pócima se puede usar como perfume, pero colocar apenas unos toques detrás de las orejas, en los bordes de las palmas de la mano, en el pliegue que hay entre el brazo y la mano, debajo del obligo para activar las zonas erógenas.

Ritual para revivir la pasión

Uno de los secretos más buscados por todos, este ritual fue usado por Alberto el grande, fue un respetado hechicero y alquimista de todos los tiempos, dentro de todos sus hechizos usaba elementos mágicos que atentaban contra el pudor de cualquier ser humano y pocos eran los capaces de elaborar sus hechizos aunque estuvieran en riesgo de muerte, sin embargo este hechicero dejo tres hechizos que no involucraban ninguno de los elementos extraño al que él estaba acostumbrado, uno de ellos es el que aquí le presento.

En una noche en que se tenga conocimiento que haremos el amor con nuestra pareja vamos a asegurarnos tener en la habitación los siguientes materiales:

- Dos velas rojas encendidas

Dos copas de vino en la que le añadirá una raja de canela, siete pimientas negras, una hoja de laurel y miel de Inglaterra (es un preparado a base de miel para hacer enlazamientos) y siete clavos de especies, una vez que se hayan apagado las velas se debe untar con el contenido de la copa el miembro sexual de la pareja y con la otra copa el de su propio sexo, para incitar a la pareja a la relación una vez consumado otorgara vitalidad sexual.

Ritual de fertilidad

Para realizar este ritual es necesario que la persona se sienta tranquila emocionalmente, debe eliminar cualquier sentimiento que la perturbe inclusive el sentimiento de desespero, solo debe albergar la convicción de lo que se hará dará sus frutos. Es conveniente que este ritual se haga un día martes cuando la luna este llena, ya que es la ideal para los procesos fértiles los materiales que utilizaremos son los siguientes:

- una sábana blanca limpia
- un metro de tela amarilla
- un plato blanco
- Estrato de gardenias
- una ahuyama (calabaza) mediana.
- Miel
- cinco cintas bebe de color amarillo
- Leche de vaca
- pétalos de rosa amarillas
- cinco velas amarillas.

Es necesario que la persona que vaya a realizar este ritual se encuentre sola consigo mismo en un lugar en que le permita visualizar la luna llena, debe estar completamente vestida de blanco ya que va a representar la pureza para demostrar que está dispuesta a albergar una nueva vida en su vientre.

Debe tender la sábana blanca sobre el suelo y colocara los materiales de manera que le queden frente a ella al momento en que se siente. Necesitará un momento de meditación en que deberá comunicarse con su yo interno como si se tratara de una persona expresando su deseo de procrear y notificándole que todo eso que se está haciendo es con el fin de lograr ese objetivo.

Una vez que haya culminado comenzara el proceso, primero en el cuenco de la leche se agregan los pétalos de rosas, la miel y el extracto de Garmendia, si no consigue el estrato lo puede sustituir con un perfume de uso personal, se mezcla todo los ingredientes coloca la ahuyama que quede de frente al vientre y con la mezcla se untara la barriga de manera circular como las manillas del reloj, haciéndolo alternativamente sobre el vientre y sobre la ahuyama de la misma manera. Al terminar tomar la auyama y frotarla en el vientre haciendo cinco círculos concéntricos es decir uno grande otro más pequeño y así sucesivamente.

Se toma la cinta amarilla y se ata a la ahuyama, que debe forrarse en la tela amarilla y colocarla sobre el plato blanco alrededor de la ahuyama se encienden las cinco velas amarillas. La persona no debe quitarse lo que se unto hasta tanto no se terminen las velas.

Encantamiento con Fase Lunar Creciente
Para atraer a la persona ideal

La luna tiene unas poderosas influencias en movilizar las energías del ser humano, partiendo de este hecho utilizaremos la influencia de la luna para hacer un encantamiento para atraer a esa persona ideal que merecemos.

Utilizaremos:

- 6 rosas príncipe negro
- un espejo redondo
- tres cuarzos rosados.
- Agua de rosas
- un bol de vidrio
- una hoja blanca donde especificaremos con lujo de detalle cómo queremos que sea la persona ideal, describiendo sus virtudes, su físico y sus sentimientos.

- 1 Vela mágica roja

Este encantamiento debe hacerse en un espacio abierto donde se permita visualizar la luna, es preferible vestirse de blanco. Primero nos perfumamos con agua de rosa, colocamos el espejo en el piso, nos sentamos frente a este de manera que nos quede entre las piernas podamos visualizar la luna, colocamos los tres cuarzos sobre el espejo haciendo un triángulo y que la punta de nuestro triangulo quede donde esta nuestro ser y las otras puntas den hacia las piernas, tomamos el bol y lo colocamos sobre el espejo y en este echaremos los pétalos de los príncipes negros, rociamos agua de rosas.

Conjuramos la vela, que presentaremos a la luna con las manos extendidas y diremos *"luna hermosa, luna misteriosa, solicito la influencia de tus poderes mágicos para que traigas a mi vida a la persona que tanto espero aun no conozco su nombre pero si sus cualidades "* tomando el papel comenzamos a describir a la persona luego culminamos. *"oh poderosa madre luna no me hagas esperar si esto ha de pasar que sea antes de las 21 lunas"* y se enciende la vela más arriba del espejo el papel se debe colocar encima del bol nos quedamos un rato *visualizando a la persona que llegara a nuestra vida, esta obra debe dejarse toda la noche, al día siguiente después que se haya consumido la vela se debe bañar con los pétalos de rosas y los cuarzos serán su talismanes, se deben cargar en un bolsito rojo.*

Rituales Para La Belleza

Utilizaremos:

- *2 litros de Leche de cabra*
- *Pétalos de flores rosadas*
- *Miel de abeja*
- *Oleato de almendras*
- *Cinco velas amarillas*
-

Este ritual debe hacerse bajo las influencias del Plenilunio, mezclaremos los elementos en una vasija de barro y conjuraremos, pintamos este símbolo en una base firme o en el suelo con cascarilla, colocamos la vasija en la estrella, conjuramos las velas y la colocamos en cada punta de la estrella, lo dejamos que reciba las influencias de la luna. Por tres días debemos bañarnos con este preparado para obtener la belleza.

Rituales para rejuvenecer las manos

Utilizaremos:

- *50 ml. Aceite de resino*
- *50 ml. Aceite de almendra*
- *200 gramos de ciruelas pasas*
- *50 ml. Aceite de oliva*
- *50 ml. De aceite de aguacate.*

Se mezclan los elementos, se dejan macerar con las ciruelas por ocho días, se cuelan, y se aplican en las manos a diario, se debe pronunciar con firmeza este conjuro:

"Puer natus est cuius ego non sum vivet in aeternum eris avandones"

Rituales rostro lozano

Se aplica el mismo ritual de belleza pero se debe lavar el rostro en la mañana cuando salgan los primeros rayos del sol.

Rituales para lograr tener buena suerte

Este ritual no debe confundirse con atraer dinero, suerte es tener la buena fortuna de que las situaciones nos favorezcan.

Utilizaremos:

- *Saquito aterciopelado rojo*
- *1 vela blanca*
- *Cuarzo de Lluvia de Oro*
- *Cuarzo Ónix*
- *Una pluma de guinea pequeña*
- *Un trozo de Pirita.*
- *Raspadura de Oro y Plata*
- *Tres monedas de cualquier denominación*
- *Agua lunar*
- *Extracto de citronela con clavo de especies (el extracto es una simple decocción de la planta en cantidades reducidas de agua dejarla hervir hasta que quede muy verde)*

- *Un vaso de vidrio.*
  - *Los cuarzos y la pirita deben ser lavados con sal en granos o sal marina para anular las energías acumuladas y poderlos cargar de nuevo, en un cuenco se agrega*

Preparación:

Se dibuja este símbolo para cargar las energías de nuestro ritual

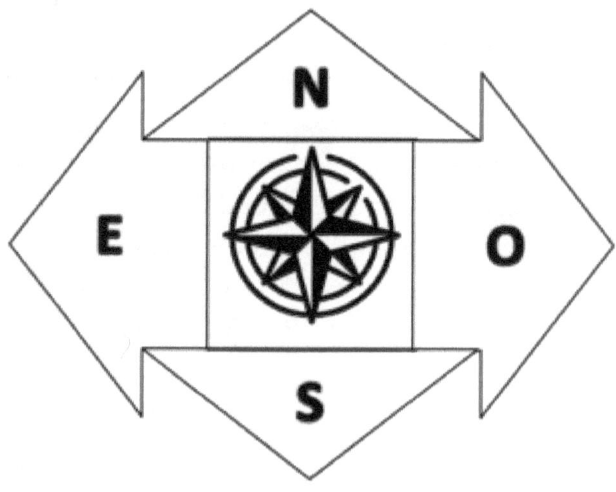

En el vaso de vidrio se agrega el agua lunar, extracto de citronela con clavo y la raspadura de oro. Se agregan los cuarzos y la pirita, y se coloca en el centro de la brújula, se conjura la vela y se enciende fuera del símbolo. Finalmente se guardan en el saquito la pluma y los elementos magnetizados y se llevan encima.

Rituales para el éxito de una empresa

Utilizaremos:

- *Un saquito amarillo*
- *3 Billetes de cualquier país o denominación, no importa si están*

deteriorados.
- *Tres monedas de cualquier denominación*
- *Flores de calabaza*
- *Una prenda de oro*
- *Tres velas amarillas*
- *3 Mazorcas de maíz*
- *Una calabaza grande donde puedan meterse las mazorcas con facilidad*
- *Semillas de sésamo*

Este hechizo se debe realizar cuando el sol este en su máxima altura, más o menos al mediodía, se pinta en una superficie plana este símbolo.

Se corta la calabaza a la mitad dentro se agregan los billetes las monedas las flores y la prenda de oro, semilla de sésamo, se hace una mezcla incluyendo las semillas de calabaza que están dentro, se le agrega un poco de agua, las mazorcas de maíz sin hojas se introducen dentro de la mazorca hasta humedecerse completamente. Posteriormente se coloca encima del símbolo, se conjuran las velas y se coloca en forma de triángulo. Esta obra debe quedarse de siete a veintiún días y a diario la persona debe regar las mazorcas con agua de su boca, una vez que salga de los granos de maíz los brotes de la planta se levanta la obra y se toman los billetes, las monedas, la prenda de oro y un brote de los granos de maíz y se guardan en el saquito.

Rituales para el éxito

Utilizaremos:

◇ *Elaborar una vela blanca de energías positivas,*
◇ *Brillantina plateada (escarcha)*
◇ *Aceite de sándalo*
◇ *Raspadura de plata.*

Impregnar la vela con el aceite raspadura de plata y brillantina y encenderla en el centro de este símbolo, se debe encender por tres días atrayendo el éxito a la persona.

Rituales para la abundancia

Utilizaremos:

• *Una calabaza grande*

- *Medio metro de tela amarilla*
- *Tres tipos de tres frutas con semilla y cascara cortadas en cuadros*
- *Tres tipos de vegetales con cascaras cortadas en cuadro*
- *Tres tipos de granos menos negros*
- *Una botella de vino*
- *Una vela amarilla conjurada para la abundancia.*
- *Un trozo de tres tipos de carne (pollo, cerdo, de res)*
- *Tres pescados pequeños*
- *Tres huevos*
- *Cebada*
- *Miel.*

Este ritual se hace o al salir el sol o al caer el sol, en un espacio de tierra fértil se abre un hoyo donde pueda entrar fácilmente los materiales, se hace un conjuro de abundancia, y se le sopla polvos para buenas vibraciones espirituales, con la calabaza se limpia la cabeza y se coloca en el centro del hoyo, se pasa cada uno de los elementos por el cuerpo tocando la piel la cabeza las piernas, y se va arrojando al hoyo, finalmente se derrama el vino sobre la cabeza que recorra por el cuerpo solo la mitad, el resto se arroja al hoyo, se toma la tela y se seca con ella se la pasa por el cuerpo luego se tapa lo que hay dentro del hoyo, se le agrega tierra. Se enciende una vela pidiendo la abundancia por un año, ya que este ritual debe hacerse una vez al año durante el solsticio de invierno (del 20 al 23 de diciembre en el Hemisferio Norte o del 20 al 23 de junio en el Hemisferio Sur).

Rituales para conseguir objetos perdidos

Utilizaremos:

- *Un vaso de vidrio con agua*
- *Una cascarilla para pintar el símbolo*
- *Una vela blanca*

Se pinta este símbolo

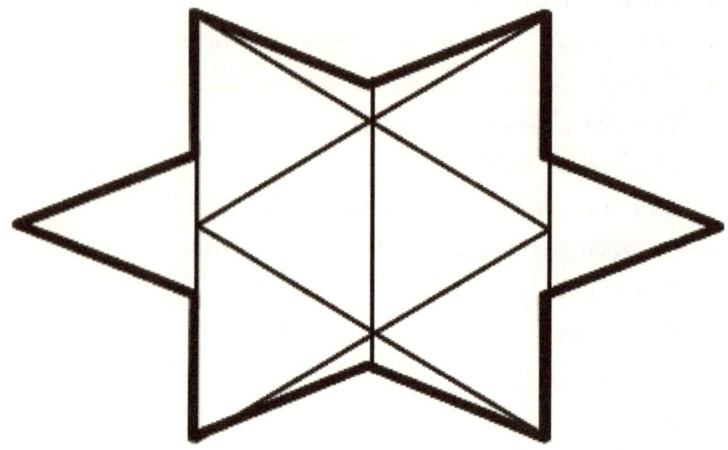

Se coloca el vaso de agua en la punta izquierda y la vela a la derecha y se recita tres veces este conjuro.

"pertida est manus mea, ut cum eaque rem habere ut tu"
Ritual para el Poder

Entendemos por poder la autoridad que tiene una persona para ejercer el mando, la palabra proviene del latín *"posere" que significa"ser posible" o "ser capaz de"*. Pero este ritual solo será aplicable al poder espiritual y poderes facticos.

El poder espiritual es el que ejerce la autoridad o tiene la capacidad de dirigir doctrinas religiosa y el Poder Factico es el que tiene la facultad de ejercer influencias sobre otras personas de poder y esta obra se hará en cada cambio de fase lunar es decir se realizara cuatro veces al mes al inicio de cada fase lunar debe ubicar el hemisferio donde se encuentra y un calendario lunar.

Utilizaremos:

- *Hierbas: Enredadera, flores de trinitarias y pino (se frota en el agua lunar para extraer su zumo)*
- *Suficiente agua lunar para llenar las dos cazuelas*
- *Un saquito aterciopelado negro*

- *Oleato de Ambrosia (se realiza macerando la planta ambrosia con aceite)*
- *Tres velas negras mágicas*
- *50 mg de Manteca de Tigre*
- *50 mg. De manteca de culebra*
- *Un imán*
- *Una Semilla Mate*
- *Siete Peonias*
- *Espuela de Gallo*
- *Una brújula pequeña*
- *Un trozo de Azabache*
- *Dos anillo, pueden ser oro, plata o acero inoxidable*
- *Sangre de una paloma negra, solo la sangre*
- *Una Botella de Vino tinto*
- *Un espejo*
- *Corona realizada con 8 rosas similar a esta*
-

- *Dos cazuela de barro grande*
- *Una cazuela de barro pequeña*
- *Una piedra donde se pueda sentar la persona después de hacer el Ritual, símbolo de un rey coronado*

Proceso:

Primero se dibuja el símbolo con carbón pulverizado, si es una superficie plana se puede dibujar con el carbón.

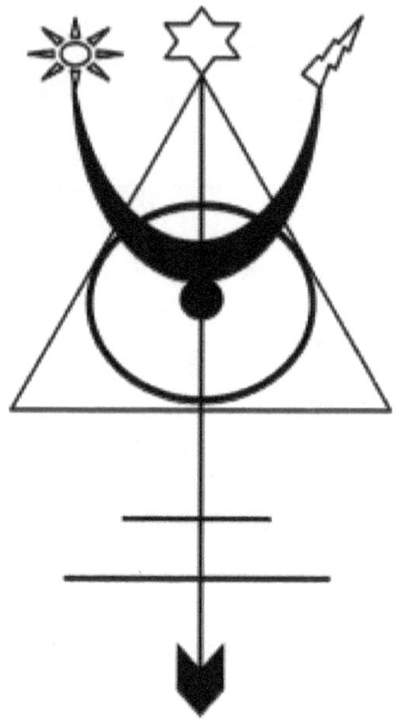

Una vez realizado el dibujo la persona debe de encender las velas y se sentara frente del símbolo con los materiales para ir conjurándolos uno a uno y el espejo se ubica en donde está la estrella que representa el tercer ojo.

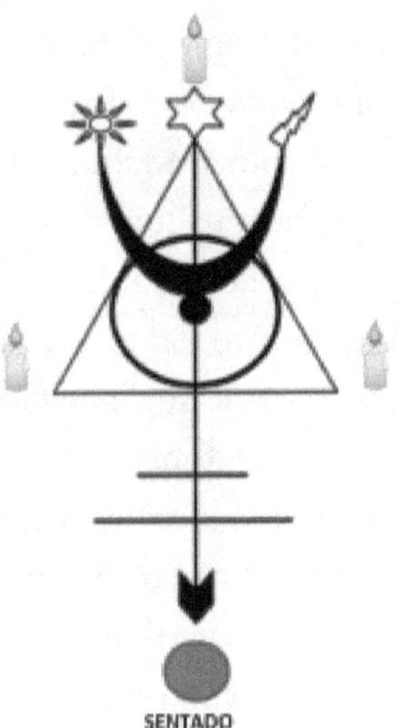

SENTADO

En la primera cazuela se va a frotar las hierbas Enredadera, flores de trinitarias y pino en el agua lunar, se reserva un poco de las hierbas en la cazuela pequeña, una vez lista la preparación se coloca encima del rayo, luego se coloca el otro cuenco de barro se agrega agua lunar , la sangre de una paloma negra y la botella de vino tinto, se conjura, una vez que se hayan mezclado los elementos se introduce dentro del preparado los anillos, el imán, la semilla Mate, las siete Peonias, la espuela de Gallo, la brújula y el trozo de azabache y se coloca en el lugar donde está el sol.

En la cazuela de barro pequeña donde se reservó algunas hierbas, se coloca la manteca de tigre, manteca de culebra y el oleato de ambrosia mezclan y se colocan en el espacio del circulo grande dividido en dos encima de la luna, en un lado la cazuela pequeña y en el otro la corona de rosas. El iniciado debe colocarse de cara a la estrella

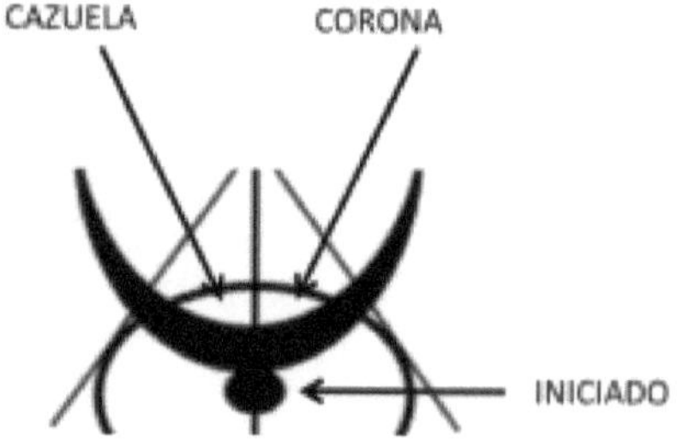

Iniciará con un conjuro para realizar obras espirituales, tiene que hacer todo el ritual antes que se consuman las velas, y no puede salir del círculo hasta que se terminen. Después de haber realizado el conjuro el ayudante debe pasarle la cazuela pequeña sin entrar al círculo puede llegar hasta en triangulo, el iniciado se frotara las mantecas con las hierbas de la cabeza a los pies (debe estar desnudo), después de esto debe devolver por medio del ayudante la cazuela a su lugar, posteriormente le pasara la cazuela del rayo donde consagro las hierbas y se bañara pidiendo y detallando el poder que desea obtener y así lo hará con el preparado de la cazuela del sol.

Esperará de pies, enfocado en su petición, una vez que culminen las velas caminara de frente a la estrella y tomara el espejo donde se deberá mirar, será un hombre nuevo, poderoso. El ayudante debe vestirlo y colocarle la corona, se sentara en la piedra que simboliza su trono de poder. Deberá usar el anillo, el otro se resguarda en el saquito junto con los cuarzos.

Ritual para verse favorecido en juicio

Utilizaremos:

- Tres palmitas de la planta papiro
- Palo de Justicia
- Flor de maravilla

Este ritual debe efectuarse en luna menguante, se pulveriza y se sopla el polvo en el tribunal. Conjurando para que beneficie a la persona.

Obra para tapar una verdad

Utilizaremos:

- *Tres hojas de uva de playa o almendrón*
- *Borra de café*

- *Una vela negra mágica*
- *Escribir el nombre de la persona que no quiere ser descubierta*
- *Hilo negro*
- *Un trozo de palo pierde rumbo*

Se toma el palo pierde rumbo, se va enrollando el nombre de la persona que no desea ser descubierta que así como este palo tiene propiedades de confundir, que confunda a todo aquel que quiera conocer la verdad de (nombre de la persona) y se va amarrando el hilo alrededor del palo se amarran las tres hojas de uva de playa y se repite, tapa, tapa, tapadera que así como cubro este palo así sea cubierta (nombre de la persona), luego se coloca en un árbol escondido y se tapa con borra de café.

Obras para destruir a un enemigo

Utilizaremos:

- *Carbón*
- *Polvo de Voladora*
- *Polvo de sal de rochela*
- *Azufre*
- *Sal negra*
- *Una vela negra mágica.*
-

Dibujar con carbón este símbolo, conjurar la vela y encenderla en el centro pidiendo la destrucción del enemigo.

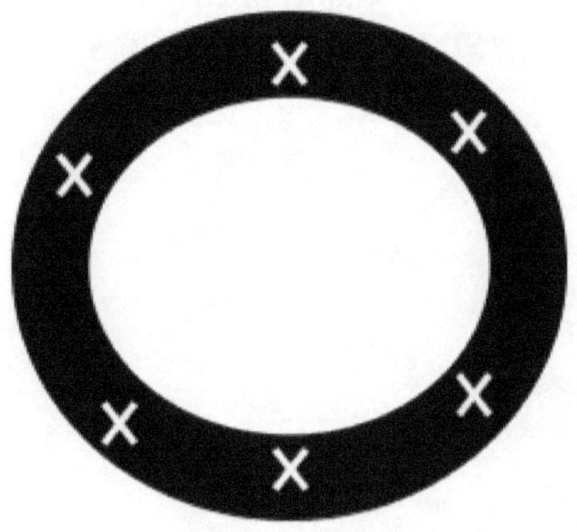

Obras para sacar a malos vecinos

Utilizaremos:

- *Un vaso con agua*
- *Una vela Negra*
- *Polvo de separación*

Encender la vela conjurada haciendo la petición y agregar el polvo al vaso con agua, cuando finalice la vela debe echar el agua en cualquier orilla de la casa del mal vecino

Capítulo 20
SÍMBOLOS MAGICOS

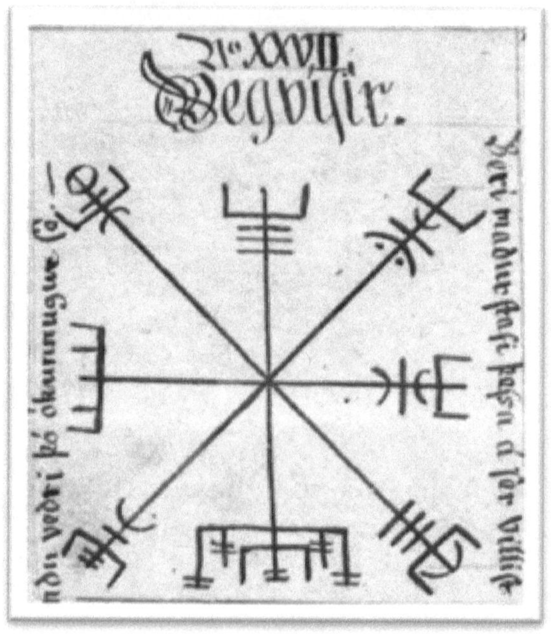

Los Símbolos mágicos sobre los cuales se hace un llamado a una entidad para que actúe conforme a las indicaciones hechas en el símbolo, es una de las maneras de manejar a un ente espiritual, en la antigüedad realizaban los símbolos con sangre de carnero virgen, pero nosotros lo haremos de diferente manera, con un poder más efectivo.

Este es un ejemplo utilizado en la antigüedad publicado en el Grimorio (libro de magia negra, data del siglo XIII).

Para amarrar a una mujer

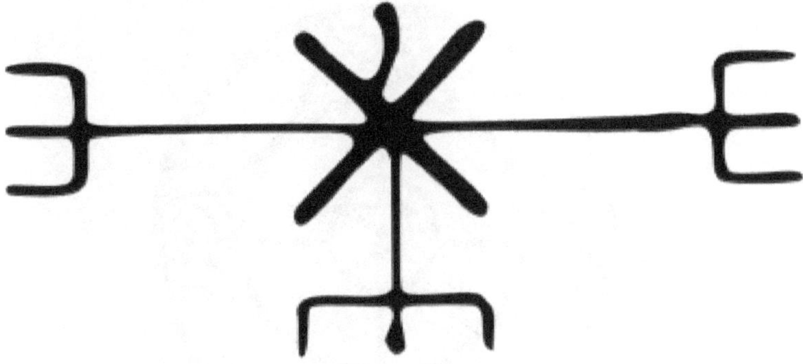

Para causar daño a un enemigo haciéndolo temeroso

Para la prosperidad en las cosechas

Para soñar con los deseos del Corazón

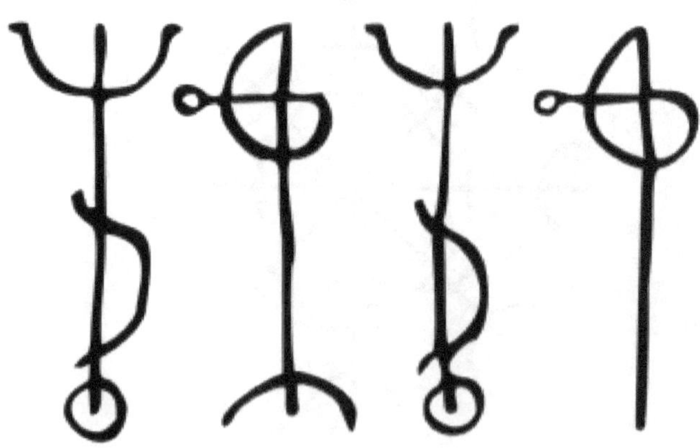

Para aniquilar el ganado de nuestro enemigo

Para la fertilidad

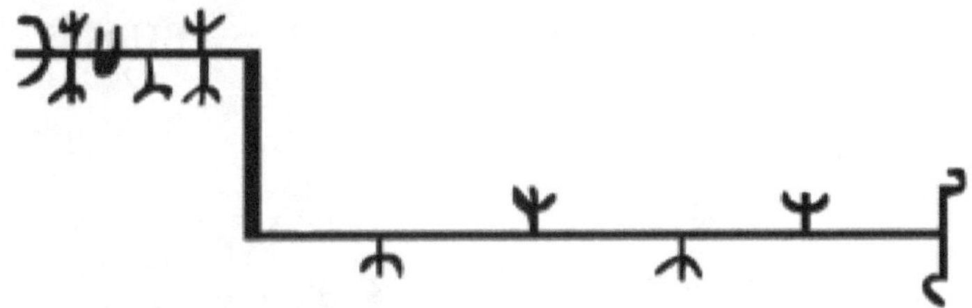

Para la prosperidad

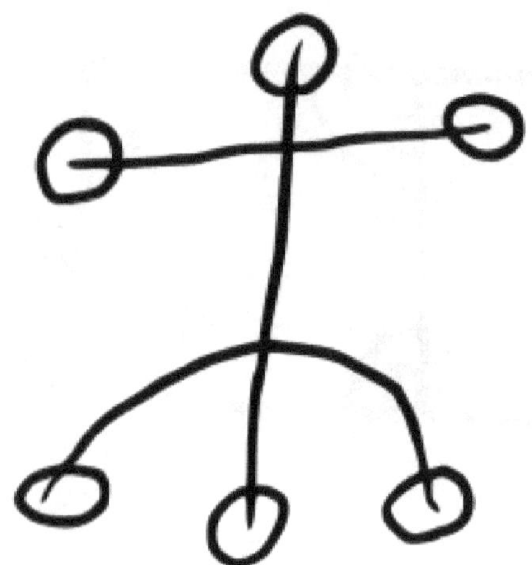

PARA TENER TODAS LAS PUERTAS ABIERTAS

Para Ganar un Juicio

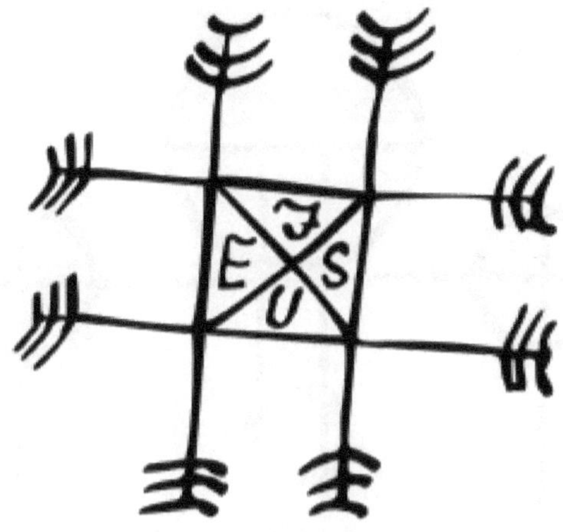

Para crear miedo en el Enemigo

Para Protección

Contra los Hechizos de Brujería

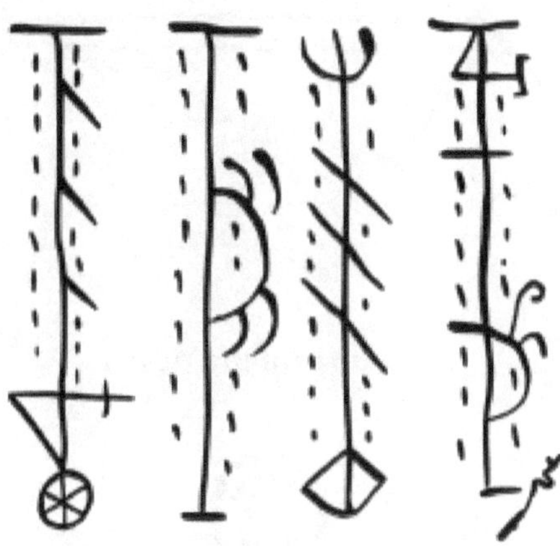

Para Invocación de los Espíritus

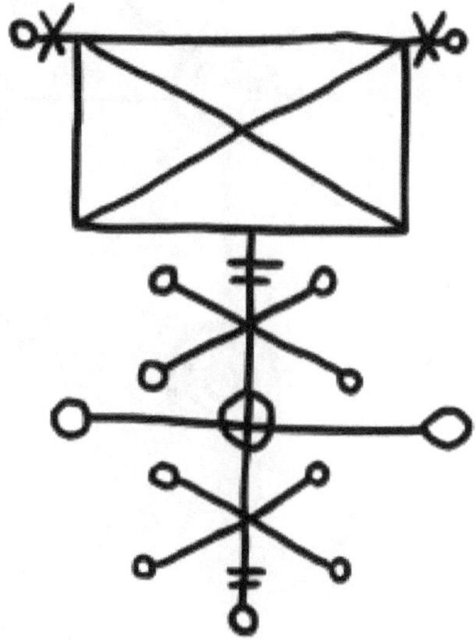

Para no ahogarse en ríos o lagos

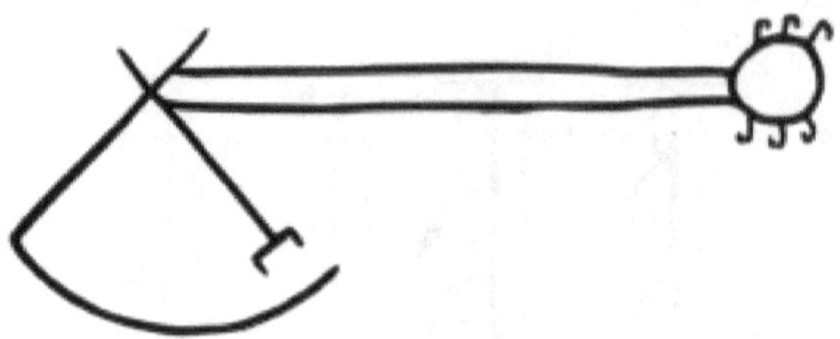

Para una buena pesca

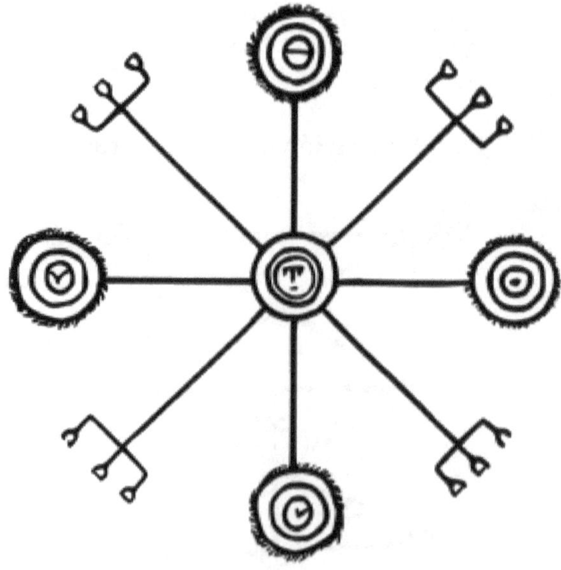

Símbolos Mágicos de mi propia creación

Estos símbolos lo realizaremos en un ambiente que ya este impregnados de energías espirituales, debe ser en un terreno plano para que pueda funcionar el lugar destinado para realizar nuestros rituales mágicos, debe ser respetado y considerado como un templo sagrado, puede ser un lugar en la intemperie o un rincón de una habitación.

Cada ritual espiritual debe iniciarse con un ensalmo o un conjuro,

para dibujarlo vamos a preparar en un envase de Talco de bebe, polvo de cascarilla,

Proteccion Del Campo Espiritual

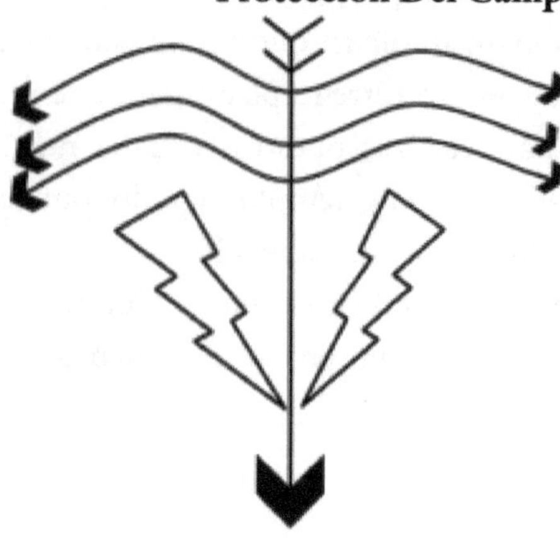

Vencimiento De Una Guerra Espiritual Termina Con Las Brujerias

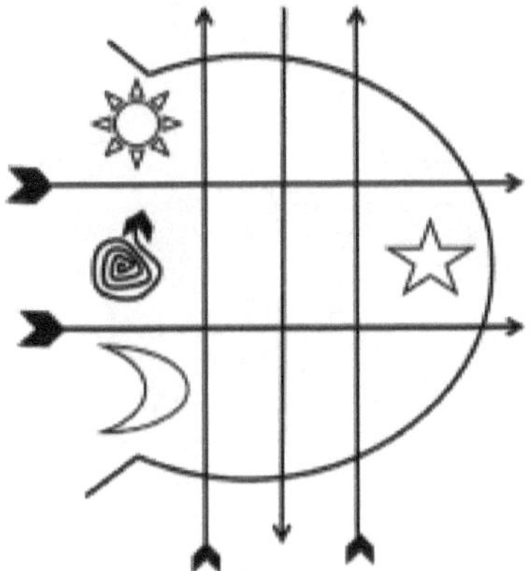

Dirige A Un Espiritu Para Dañar A Una Persona

Guardian De Una Casa

Proteccion De Una Vivienda

Atacar a un enemigo con fuerza espiritual implacable

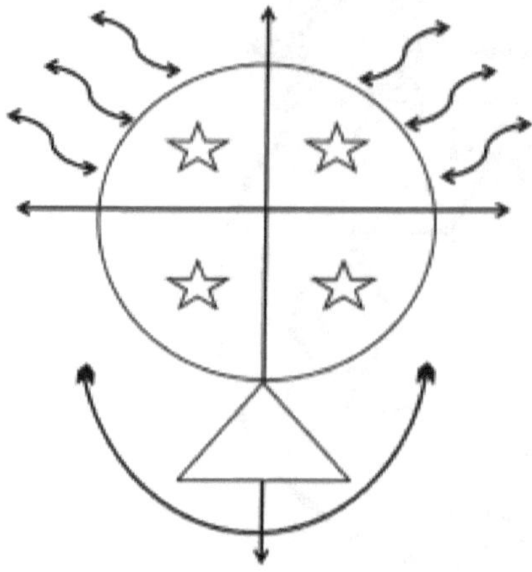

**Proteger todas las entradas del espacio espiritual
Después de atacar al enemigo Se coloca en cada punto**

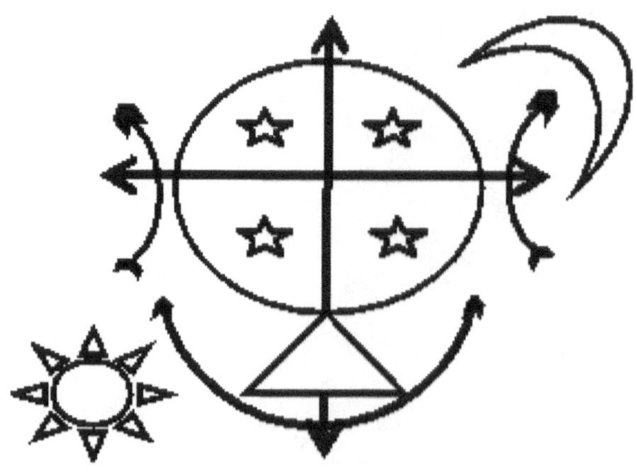

Cardinal

Para alejar malos Augurios o malos Presagios

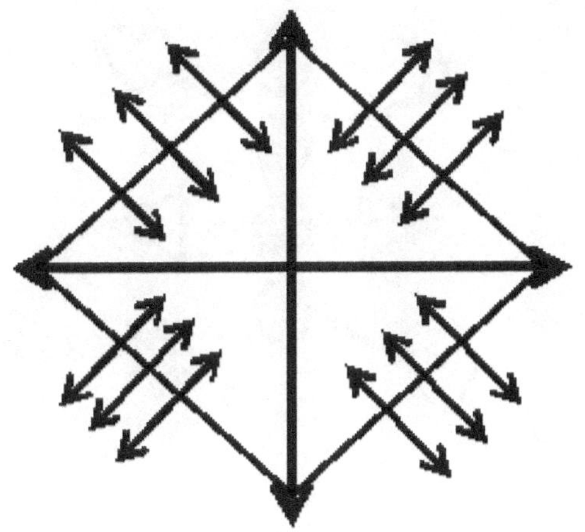

Para Hacer Hechizos De Amor

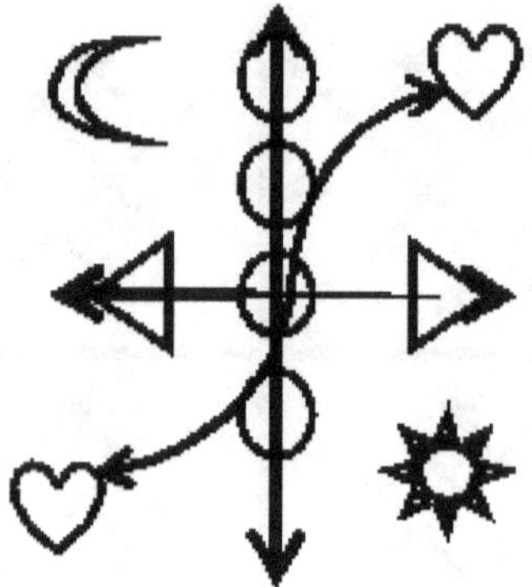

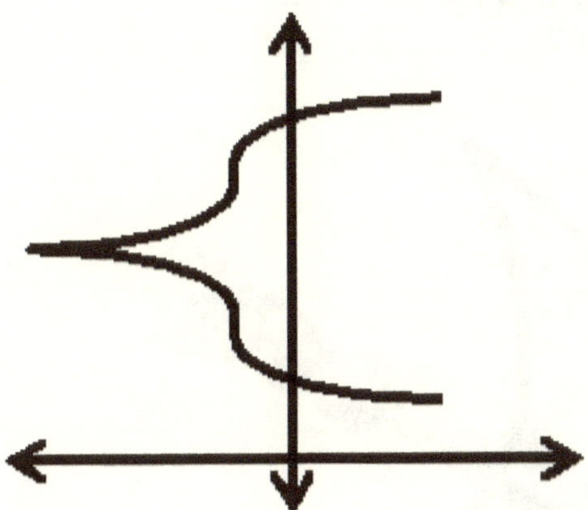

Para virar una situación a nuestro favor

Para cazar la Evolución y Prosperidad

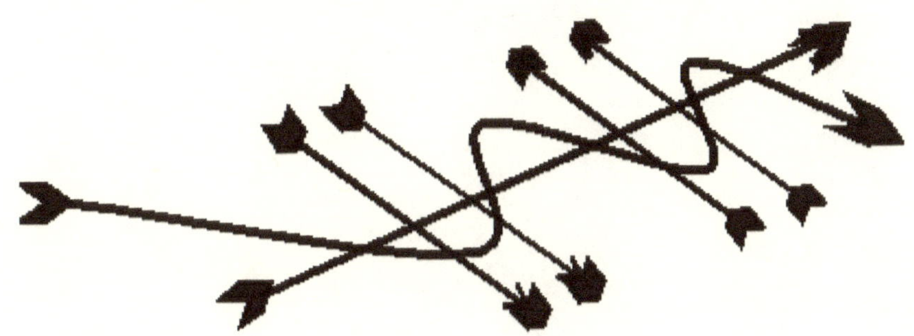

Para Cazar la Buena Suerte

Capítulo 21
Objetos Con Propiedades Magicas

Para entender este capítulo vamos a especificar qué es un objeto mágico. La definición que se le da a la palabra objeto es *"Toda cosa que pueda ser captada o percibida por los sentidos"* o sea que existe y es palpable, entonces objeto mágico es toda cosa palpable que se le atribuyen propiedades mágicas, o que se le otorga estas facultades atreves de rituales, los objetos mágicos no cambian la vida de una persona sino que influye para que una situación le favorezca. También podemos atribuirles propiedades mágicas a un objeto para afectar negativamente a quien lo posea, de allí se creó la existencia de objetos embrujados o con maldiciones.

Dentro de los objetos con propiedades mágicas existen dos tipos; los que por naturaleza ya vienen impregnados de esta cualidad mágica por ejemplo los minerales, metales u objetos orgánicos y los que nosotros con rituales y conjuro convertimos en objetos mágicos.

Objetos Naturales Con propiedades mágicas

Sin haberle realizado ritual alguno estos objetos de por si son receptores de sortilegios y nunca faltara en la almario de un aurúspice.

Objetos mágicos Minerales

Cuarzos: Los cuarzos son cristales, también se les conoce como cristales de rocas, tienen propiedades capaces de atraer y absorber energías, son piezas clave para elaborar amuletos y talismanes.

Tipos de Cuarzos:

La Amatista: Cristal para la meditación, estimula el tercer ojo.

El Ágata: Es para estabilizar energías.

Ametrino: este cuarzo son dos minerales mezclados Amatista y el Citrino, que son ambas formas de cuarzo sus propiedades son para la aceptación ante los demás.

Aventurina Verde: es la "Piedra de la Oportunidad", sus propiedades son para atraer prosperidad y riqueza.

La Azurita: Actúa directamente sobre el tercer ojo guiando a la Iluminación de Los sumos sacerdotes y sacerdotisas.

La Calcedonia azul: Sus propiedades nos ayuda a distinguir la falsedad de la realidad.

La Charoíta: Crea una conexión con el conocimiento ancestral, ayuda a curar los miedos emocionales.

La Cianita Negra: Alinea todos los chakras.

La Cornalina: Ayuda a la creación intelectual.

El Cuarzo blanco: Sus propiedades son sanadoras del cuerpo físico.

Cuarzo Espíritu: hace que quien lo posea irradie energías espirituales en todas las direcciones.

El Cristal de Cuarzo: es el "maestro sanador".

La Crisoprasa: Tiene una conexión única con la naturaleza.

El Citrino: Es excelente para atraer el dinero.

El Cuarzo Ahumado: Es la piedra del poder.

El Cuarzo Turmalinado: restaura tanto el cuerpo físico como espiritual.

El Cuarzo Rosa: Es el cuarzo relacionado con el amor, equilibra una relación amorosa y atrae a la persona ideal.

El Cuarzo Solar: es un ágata natural trae la fuerza emocional.

El Cuarzo Rutilado: nos conecta con un ente superior.

La Fluorita: es excelente para abrir la mente a nuevos conocimientos.

La Geoda de Cuarzo: tiene propiedades sanadoras, ayuda a estabilizar el estrés, y a la concentración.

El Heliotropo: Es un desbloqueador, ayuda a avanzar en situaciones que no se ven salida.

El Hematite Los Druidas: Es para aclarar las clarividencias.

Howlita: Se utiliza para curar el insomnio.

El Jade: Representa la pureza y serenidad. Es una piedra de abundancia.

El Jaspe rojo: Se le atribuyen facultades para hacerse resistencia tanto físico como espiritual.

El Larimar: Ayuda a acabar con el miedo y sentimientos destructivos.

El Lapislázuli: Es la piedra de la sabiduría, la verdad, integridad e iluminación. Es excelente para niños con Autismo, les ayuda a abrir su mente.

La Malaquita: elimina la contaminación electromagnética, la malaquita absorbe energía,

El Ojo de Tigre: otorga a quien lo posee la capacidad de observar todo.

El Ónix: tiene facultades de atraer magnéticamente las vibraciones negativas y las disuelve, limpia el aura.

La Piedra de Luna: está conectada a la magia lunar es excelente para las visiones.

Prehnita: Tiene propiedades de develar profecías. No a todas las personas sino quien posea el don.

La Turmalina negra: Es una piedra protectora, no es recomendable su uso a las mujeres porque aleja al sexo opuesto.

Azabache: Es un carbón mineral duro negro brillante con propiedades mágicas contra el mal de ojo, se puede cargar de energía espirituales al frotarlos igual que los cuarzos ese es su verdadero poder servir de contenedor de energías que han sido cargadas previamente.

Sal: Es uno de los principales componentes que no debe faltar en nuestros rituales o hechizos, específicamente es para purificar y despejar energías contrarias al momento que se esté realizando un ritual, era utilizada en bautismos católicos purificación indígena. Otra virtud que tiene la sal es de desmagnetizar cualquier objeto mágico cargado de energías negativos. No importa el lugar de donde provenga la sal es sagrada. Sus atributos principales son de purificación, protección, repeler energías negativas, dibujar círculos en los Símbolos y representa el elemento tierra.

Tipos de sal:

Sal Marina: *Se obtiene a través de un proceso de cocción de agua de mar, se puede agregar color artificial u oleatos.*

***Sal fina de mesa:** la utilizada en la cocina.*

***Flor de sal:** Es una capa delgada de la sal que se forma en la superficie de más, es la indicada para hacer la llamada "sal de fuego" que esparcen sobre las Hogueras.*

***Sal negra:** es una sal proveniente de origen volcánico, se usa para alejar personas o rituales de separación.*

***Sal de fuego:** antiguamente se elaboraba con pimientos rojos y ajos, pero la verdadera sal de fuego se realiza triturando clavos de especias, sal en granos y pimienta negra y blanca, se hecha sobre el fuego para hacer un llamado a entidades.*

Piedra de Rayo: Ha sido objeto mágico en culturas ancestrales, En la mitología griega era conocida como la flecha de Zeus, en la actualidad es utilizadas por los seguidores de la Yoruba y sus atributos se lo atribuyen a dios Chango. Una Piedra común no posee facultades mágicas, pero una vez que impacta un rayo, en la tierra crea un hábitat de elementos químicos y cambios de temperatura que producen la piedra de rayo. Su uso es más como un arma en contra de las tormentas eléctricas, también para sanar ganado enfermo y para hechizo para vencer entidades demoniacas de gran fuerza.

Diamantes: Equilibra las cualidades personales dándole la seguridad de perfeccionar cualquier situación.

Objetos mágicos Metales:

Oro: Posee propiedades mágicas que atraen el éxito y el poder, representa la grandeza de las riquezas materiales. Se debe usar en anillos o coronas.

Plata: Es por excelencia el metal más noble, su poderes mágicos le otorga un campo protector a quien lo use, y da el equilibrio interno.

Cobre: Mejora el campo magnético positivo, su uso es para atraer la suerte.

Acero: Otorga la facultad de la Inteligencia, debe usarse en joyas para obtener percepción del movimiento espiritual que hay en el entorno.

Azogue (mercurio): Es el único metal que posee el poder mágico de hacer mover una espiritualidad a su antojo.

Pirita:

Hierro: Tiene la facultad mágica de la fortaleza, le da al espíritu de la persona que lo utilice constancia y seguridad.

Objetos mágicos Orgánicos:

Plumas: Todo brujo u hechicero utiliza una pluma mágica, pero pocos conocen realmente su significado y su importancia en el mundo espiritual, una simple pluma puede salvar nuestras vidas, existen muchas así como aves hay en la tierra, dentro de las que poseen cualidades mágicas están las siguientes.

◈ ***Pluma de Águila**: Posee la facultad de darle fortaleza a quien la posee.*

◈ ***Pluma de Loro, especialmente Loro africano**: Tiene un gran poder religioso en la Santería quien la posee tiene un gran rango espiritual, pero realmente el uso de la pluma de loro desactiva cualquier polvo mágico por muy poderoso que sea, los seguidores del Palo mayombe realizan una voladora con una jícara y cuatro plumas de loro, para anular cualquier brujería hecha con polvos.*

◈ ***Pluma de Guinea**: Para intercambio de energía, se usa después de hacer rituales donde se utilicen energías negativas para librarse del karma y transformar la suerte.*

◈ ***Plumas de Pavo Real**: Para atraer y mantener el poder y la belleza.*

◇ *Plumas de Ganso: Para atraer guías espirituales de gran pureza.*

◇ *Plumas de Búho: Para abrir la inteligencia y obtener conocimientos.*

◇ *Pluma de Gallos: Para destruir enemigos hasta ver correr su sangre.*

◇ *Pluma de Zamuro: Para dirigir un muerto.*

◇ *Pluma de Cuervo: Para llevar mal augurio.*

◇ *Pluma de Avestruz: Para que nadie le mienta.*

Bola de la Vida: o bola de la vaca: Es un cálculo que poseen algunas vacas de forma redonda y uniforme tienes propiedades curativas en derrames cerebrales y parálisis.

Cachos de Toro: Es un objeto que mantiene la virilidad masculina basta con tomar brebajes en él.

Cuernos de un siervo: Lejos de lo que se ha escrito anteriormente, las propiedades mágicas de este objeto, no es contra la brujería, los cuernos son para obtener justicia, pero es un arma de doble fila solo se obtiene justicia si se es inocente.

Espuela de Gallos: Este objeto nos hacen invencibles ante nuestros enemigos.

Corazón de golondrina: Es por si solo un poderoso encantamiento de amor.

Garra de león o tigre: Es un objeto que aleja energías espirituales malignas.

Coralina: Es un invertebrado marino, su formación viene de fósiles, corales y otros animales marinos, se emplea en collares y adornos femeninos, tiene la particularidad de crear atracción del sexo opuesto como un embelesamiento a los ojos de los demás, poniéndolo en un vaso de agua crea un brebaje para quitar la brujería tomada, crea fuertes emociones a quien mire a la persona que la posea.

Objetos que podemos otorgar facultades mágicas

Talismanes: Es un objeto mágico con la facultad de atraer la suerte o un beneficio a una persona.

Amuletos: Es un objeto mágico que se le otorga la facultad de alejar el mal, proteger a quien lo posee de eventos fortuitos.

Bola de cristal: Se le otorga facultades para ser utilizado en la clarividencia.

Pirámides: Se conjura para otorgarle cualidades de elevación espiritual, activación de la buena suerte, grandeza y abundancia infinita.

Cruces: Por su significado en la historia las cruces son los objetos mágicos por excelencia, se le atribuyen propiedades de protección contra influencias oscuras, conexión espiritual con un ser superior.

Llaves: Se conjuran para abrir todas las puertas físicas y espirituales, mi caso en particular es el único objeto con propiedades mágicas que poseo, Cinco llaves diferentes atadas con un cordón dorado.

Dados: Se conjuran para ser un objeto que atraiga la suerte en el azar, también como medio de adivinación según sus caídas.

Muñecos vudú: Se conjuran con el fin de contener la energía vital de una persona y poder manejarla a distancia.

Espejos: Se conjuran para ver más allá de lo físico.

Otros objetos: Se puede conjurar propiedades mágicas a cualquier objeto sin importar el tipo de material que sea.

Elaboracion De Talismanes

El uso de talismán no es alejar entidades ocultas o protegernos del mal, los talismanes son objetos elaborado para atraer a nuestras vidas circunstancias favorables en el amor, dinero o la salud, el que posee un talismán siempre tiene la suerte a su favor, vamos a mostrar la elaboración de algunos que realmente funcionan combinando elementos poderosos y de fácil preparación.

Talismán para el amor:
Utilizaremos:

- Polvo para el amor
- Cuarzo Rosado
- Una moneda dorada o cobre de cualquier denominación inclusive servirían monedas chinas de la suerte.
- Un saquito de terciopelo rojo.
- Un plato de vidrio blanco
- Una vela mágica roja.
- Un espejito en forma cuadrada de 1,5 por 1,5 centímetros.
- Oleato de rosas con canela y clavos de especies.

Se agrega en el plato el oleato donde se sumergirá el cuarzo, la moneda y el espejito, se conjura cada elemento y luego se coloca la vela una vez que se haya consumido la vela se secan y se introducen en el saquito antes de cerrarlo se le debe colocar polvo mágico. Para que funcione se debe colocar siete noches en la almohada y luego la persona deberá llevarla consigo a donde vaya.

Talismán para la Salud:
Utilizaremos:

- Un cuarzo amazonia (verde)
- Sal en granos
- Polvo mágico para la salud
- 7 Semillas de pionía
- Agua Lunar
- Un saquito de terciopelo verde
- Una vela mágica verde.

Estos elementos se conjuran en un plato blanco con agua lunar se enciende la vela y una vez que culminen se secan y se colocan dentro del saquito verde al final se espolvorea polvo mágico. De igual manera para que surta efecto se debe llevar consigo.

Talismán para el dinero:

- Utilizaremos
- Una pieza de oro
- Una pirita
- Un cuarzo citrino
- Una pluma blanca pequeña
- Tres monedas doradas o cobre
- Polvo mágico para lograr la felicidad
- Una vela mágica Amarilla
- Agua Lunar
- Un Saquito amarillo.
- Tres cucharadas de azúcar
- Un Plato blanco

En el plato blanco se lavan las piezas solidas solo con agua Lunar y azúcar se secan y se conjuran con la vela amarilla, Luego se introduce en el saquito amarillo junto al polvo mágico, para activar las energías del cuarzo antes debe ser colocado al sol cuando esté en su punto más alto, la persona debe llevar consigo este talismán.

Elaboración De Amuletos

Un amuleto es un objeto mágico con suficiente poder para alejar entidades negativas y crear un halo de protección a quien lo posee, su elaboración es fácil, debido a que un solo elemento puede ser un amuleto, sin embargo acá combinaremos algunos elementos para hacerlos más efectivos.

Amuletos para alejar espíritus malignos:
Utilizaremos:

- Un cuarzo Ónix
- Sal negra
- Una llave

Se lavan con agua bendita (bendecida por nuestros ancestros, no en una iglesia católica) y se colocan en un saquito para amuleto no importa el color.

Amuletos para protegernos de accidentes, o heridas con armas:

- Tres clavos de hierro pequeño
- Un cuarzo ónix
- Una pepa mate.

Se hierven los clavos en agua, cuando el agua enfrié se lavan el cuarzo y la pepa mate, se meten en un saquito, la persona debe bañarse con el agua de clavo, para que el hierro nunca lo toque.

Amuletos para alejar personas toxicas o con malas intenciones:

- Una pluma pequeña de gallo
- Un cuarzo Ónix
- Un espejo menos de dos centímetros con forma triangular
- Un ojo turco.

Se colocan todos en un saquito y se lleva encima, este amuleto cuando este muy cargado se debe lavar con sal marina.

Amuletos para alejar la muerte:

- Pluma de Loro Africano.
- Pluma de Gallos
- Polvo de Quimbombó (se deshidrata y luego se pulveriza)
- Harina de maíz.

Todos los elementos se deben colocar en un saquito y la persona debe llevarlo consigo, si es una persona enferma a quien se le prepara el amuleto, también debe cargar uno quien lo cuide porque en un hospital la muerte está cerca y si no se lleva al enfermo se lleva a cualquiera.

Estos son solo algunos de los talismanes y amuletos que se pueden realizar el aurúspice puede combinar los elementos que su yo interno le indique y lograr realizar objetos verdaderamente fascinantes, Recordemos que para hechizo, cada ritual o cada obra debe haber un conjuro que le otorgue el poder mágico de obrar.

"Espero este manual sea de su agrado, Aurúspice usen el poder de la magia sabiamente para que lleguen a ser poderosos Hechiceros."

9 798224 720019